KB167005

그림으로 읽는
제2차 세계대전
②

중일전쟁의 전개

第二次世界大战史连环画库 4, 5, 6, 7

Copyright ⓒ 中国美术出版总社连环画出版社, 2015; 绘画: 陈玉先 等
Korean translation copyright ⓒ Korean Studies Information Co., Ltd., 2016
Korean translation rights of 《History of World War II》 (33 Books Set)
arranged with China Fine Arts Publishing Group_Picture-Story Publishing House directly.

그림으로 읽는
제2차 세계대전 ②

초판인쇄 2016년 10월 10일
초판발행 2016년 10월 10일

글   쒼정푸鎭正甫, 장둥후이張東輝, 우화武華, 둥바오옌董保延
그림   천위셴陳玉先, 우카이吳愷, 딩신위안丁新媛, 장쿤張昆, 궈원화郭文華
옮긴이   한국학술정보 출판번역팀
번역감수   안쉐메이安雪梅

펴낸이   채종준
기   획   박능원
편   집   박미화, 이정수
디자인   이효은
마케팅   황영주

펴낸곳   한국학술정보(주)
주소   경기도 파주시 회동길 230 (문발동)
전화   031 908 3181(대표)
팩스   031 908 3189
홈페이지   http://ebook.kstudy.com
E-mail   출판사업부 publish@kstudy.com
등록   제일산-115호 2000. 6. 19

ISBN   978-89-268-7470-7 94910
          978-89-268-7466-0 (전 12권)

이 책의 한국어판 저작권은 中国美术出版总社连环画出版社와 독점계약한 한국학술정보(주)에 있습니다.
저작권법에 의하여 한국 내에서 보호를 받는 저작물이므로 무단전재와 복제를 금합니다.

그림으로 읽는

제2차 세계대전

2

중일전쟁의 전개

글·쒜정푸(鎭正甫) 외

그림·천위셴(陳玉先) 외

이담
Books

전
역
별
지
도

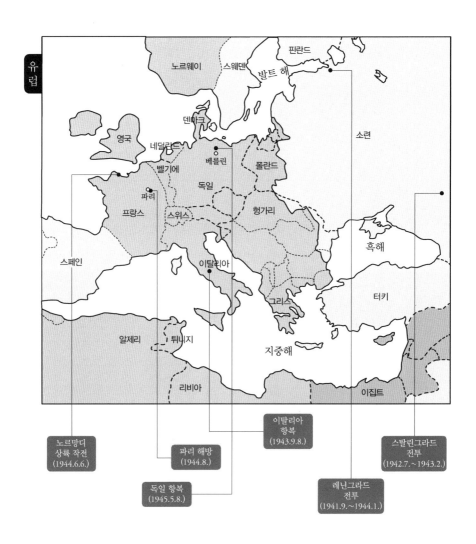

유
럽

노르웨이　　스웨덴　발트 해　　핀란드

　　　　　　　　　　　　　소련

덴마크

영국　네덜란드

벨기에　베를린　폴란드

파리　　독일

프랑스　스위스　　헝가리

스페인　　　　　　　　　흑해

이탈리아

그리스　　터키

알제리　튀니지　　지중해

리비아　　　　　　　　　이집트

노르망디
상륙 작전
(1944.6.6.)

파리 해방
(1944.8.)

독일 항복
(1945.5.8.)

이탈리아
항복
(1943.9.8.)

레닌그라드
전투
(1941.9.~1944.1.)

스탈린그라드
전투
(1942.7.~1943.2.)

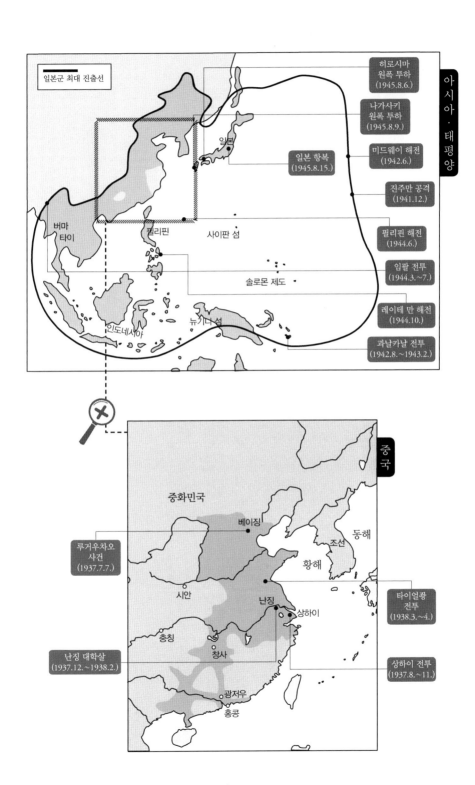

일본군 최대 진출선

히로시마
원폭 투하
(1945.8.6.)

나가사키
원폭 투하
(1945.8.9.)

미드웨이 해전
(1942.6.)

일본 항복
(1945.8.15.)

진주만 공격
(1941.12.)

필리핀 해전
(1944.6.)

임팔 전투
(1944.3.~7.)

레이테 만 해전
(1944.10.)

과달카날 전투
(1942.8.~1943.2.)

버마
타이

필리핀

사이판 섬

솔로몬 제도

인도네시아

뉴기니 섬

아시아 · 태평양

중화민국

베이징

시안

난징

충칭

창사

광저우

홍콩

상하이

조선

동해

황해

루거우차오
사건
(1937.7.7.)

타이얼좡
전투
(1938.3.~4.)

난징 대학살
(1937.12.~1938.2.)

상하이 전투
(1937.8.~11.)

중국

머리말

1945년 9월 일본 군국주의의 '무조건 항복'으로 막을 내린 제2차 세계대전이 종식된 지도 40여 년이 지났다. 세계대전이라는 대참사를 겪은 사람들 대다수는 피비린내 나던 그 세월을 잊을 수 없을 것이다. 제2차 세계대전은 유럽, 아시아, 아프리카, 오세아니아 등을 휩쓸었으며, 당시 전 세계 인구의 4분의 3에 달하는 20억 이상이 전쟁에 휘말렸다. 정확한 통계는 어렵지만, 사망자는 대략 5천만 내지 6천만으로 제1차 세계대전과 비교해서 4배가 넘었으며, 전쟁에서 소모되거나 파괴된 자산은 무려 4천억 달러에 이른다. 주요 전장(戰場) 중 한 곳이었던 중국은 일본 파시즘과의 장기전에서 커다란 희생을 치르고 마침내 승리할 수 있었다. 이 승리는 광명이 암흑을 몰아낸 승리이자 정의가 불의를 이겨낸 승리였는데 평범치 않은 역사에는 뒷사람들이 기리는 빛나는 사적과 더불어 몸서리쳐지는 잔혹한 범죄들도 존재했다. 오늘날 이 모든 것은 한 가닥 연기처럼 사라져 기억 속의 옛 자취가 되었다. 그러나 이러한 역사가 되풀이되지는 않을까? 또다시 똑같은 참사가 발생하지는 않을까? 이와 같은 고민은 전쟁의 상처를 고스란히 떠안은 우리 세대와 평화를 사랑하고 정의를 추구하는 개개인이 진지하게 심사숙고해야 할 문제이다.

중국연환화출판사에서 발간한 『제2차 세계대전사 연환화고(連環畵庫)』는 더 많은 독자가 제2차 세계대전의 전반적인 역사를 이해하기 쉽도록 풍부한 그림과 글로 세계대전의 전체 과정과 그중 중요한 전투를 재현했다. 일찍이 루쉰(魯迅) 선생이 '계몽의 예리한 도구'라 극찬한 연환화(連環畵)*는 중화인민공화국 수립 이후 지난 40년간 신속한 발전을 가져와 대중들에게 중요한 정신문화로 자리 잡았다. 독자층이 넓어지고 제재도 풍부해지면서 형식과 표현에서 진일보한 연환화는 예술적 감상과 오락적 기능을 넘어 지식을 전달하거나 교육 자료로 이용되는 등 여러 방면에서 활용되고 있다. 아무쪼록 본 시리즈가 독자들이 역사적인 사실을 배우고 이해하는 데 도움이 되길 바라며, 전쟁 도발자들의 추악한 면모와 야욕을 알고 평화와 정의를 수호하는 일이 얼마나 위대한 것인가를 깨닫기 바란다.

1989년 12월

장웨이푸(姜維朴)

---

* 연환화(連環畵): 여러 폭의 그림으로 이야기나 사건의 전체 과정을 서술하는 회화를 말하며 연속만화, 극화(劇畵)라고도 한다. 20세기 초 상하이에서 발전하기 시작했으며 문학작품을 각색하거나 현대적인 내용을 제재로 한다. 간단한 텍스트를 엮은 후 그에 걸맞은 그림들을 그리는데, 보통 선묘를 위주로 하며 간혹 채색화도 있다.

차례

전역별 지도 _ 4

머리말 _ 6

연표 _ 10

인물소개 _ 11

타이얼쫭(臺兒莊)
전투 _ 44

핑싱관(平型關)에서의
첫 승리 _ 12

적후(敵後) 유격대
- 신사군(新四軍),
  전국을 누비며 싸우다 _ 88

백단대전(百團大戰) _ 128

연
표

1929년
- ⊙ 10.24. 뉴욕 증시 대폭락으로 세계 경제대공황 시작

1931년
- ⊙ 09.18. 만주사변(~1932 02.18.), 일본 승리

1933년
- ⊙ 01.30. 히틀러, 독일 수상에 취임
- 03.04. 루스벨트, 미국 대통령에 취임

1937년
- ⊙ 07.07. 루거우차오 사건(~07.31.), 일본 승리
- 08.13. 상하이 전투(~11.26.)
- 12.13. 일본의 난징 점령과 대학살(~1938.02.)

1938년
- ⊙ 03.12. 독일, 오스트리아 합병
- 03.24. 타이얼촹 전투(~04.07.), 중화민국 승리
- 09.30. 뮌헨 협정(영·프·독·이)

1939년
- ⊙ 03.15. 독일 체코슬로바키아 해체, 병합
- 08.23. 독일·소련 불가침조약
- 09.01. 독일의 폴란드 침공으로 제2차 세계대전 발발
- 11.30. 소련 – 핀란드 겨울 전쟁(~1940.03.13.)

1940년
- ⊙ 05.10. 처칠, 영국 총리에 취임
- 05.26. 영·프 연합군의 됭케르크 철수(~06.03.)
- 09.27. 독일·이탈리아·일본 3국 동맹

1941년
- ⊙ 06.22. 독일의 소련 침공으로 독소전쟁 발발
- 09.08. 레닌그라드 전투(~1944.01.27.), 소련 승리
- 12.07. 일본의 진주만 공습(태평양전쟁 발발)

1945년
- ⊙ 02.19. 이오 섬 전투(~03.26.), 미군 승리
- 03.10. 미국의 일본 도쿄 대공습
- 04.01. 오키나와 전투(~6.23.), 미군 승리
- 04.28. 무솔리니 공개 처형
- 04.30. 히틀러 자살
- 05.08. 독일 항복
- 08.06. 히로시마 원자폭탄 투하
- 08.09. 나가사키 원자폭탄 투하
- 08.15. 일본 항복

1944년
- ⊙ 03.08. 임팔 전투(~07.03.), 연합군 승리
- 06.06. 노르망디 상륙 작전
- 06.11. 사이판 전투(~07.09.), 미군 승리
- 06.19. 필리핀 해전(~6.21.), 미군 승리
- 08.26. 파리 해방
- 10.23. 레이테 만 해전(~10.26.), 연합군 승리
- 09.15. 펠렐리우 전투(~11.27.), 미군 승리
- 12.16. 벌지 전투(~1945.01.25.), 연합군 승리

1943년
- ⊙ 09.08. 이탈리아 항복
- 11.22. 카이로 회담(1차 11.22.~26. / 2차 12.02.~07.)

1942년
- ⊙ 01.31. 싱가포르 전투(~02.15.), 일본 승리
- 06.04. 미드웨이 해전(~06.07.), 미군 승리
- 07.17. 스탈린그라드 전투(~1943.02.02.), 소련 승리
- 08.07. 과달카날 전투(~1943.02.09.), 연합군 승리

리쭝런(李宗仁, 1890.8.13. ~ 1969.1.30.)

중화민국의 군인이자 정치가로, 북벌에 참여해 군벌들을 축출한 전력이 있다. 중일전쟁 때는 타이얼좡(臺兒莊) 전투를 지휘해 일본군을 무찔렀는데, 이는 개전 이후 전면전에서 거둔 최대의 승리였다. 후에 중화민국 총통 대리까지 올라 중국공산당과 협상을 추진했으나 장제스(蔣介石)와 의견이 좁혀지지 않아 협상이 결렬된 후 미국으로 망명했다. 1965년, 중화인민공화국으로 귀순해 마오쩌둥(毛澤東)에게 애국자란 칭호를 받았으나, 중화민국에서는 변절자로 폄하됐다.

이타가키 세이시로(板垣征四郎, 1885.1.21. ~ 1948.12.23.)

일본 제국 육군 장군으로 만주국 집정고문, 관동군 참모장, 육군 대신 등을 역임했다. 만주사변의 주모자로 만주국 건설의 최고 책임자였던 그는 중일전쟁 중 핑진(平津), 타이위안(太原) 전투 등에서 활약했다. 이후 조선군 사령관으로 자리를 옮겨 구니아키 조선 총독과 함께 식민 정책을 전개했다. 일본의 패색이 짙어지는 시기 싱가포르, 말라야 주둔 제7방면군에 재배치됐으나 종전을 맞아 영국군에게 항복했다. 전범으로 기소돼 교수형에 처해졌다.

루한(盧漢, 1895.2.6. ~ 1974.5.13.)

중국 윈난(雲南)군관학교를 졸업하고 쓰촨군(四川軍)에 들어가 복무하다가, 주동한 군사 반란이 실패해 파면당했다. 중일전쟁 발발 후 국민혁명군 제60군 군장으로 임용돼 리쭝런 휘하에서 타이얼좡 전투에 참가해 활약했다. 중일전쟁이 종식된 후 윈난 성 성정부 수석으로 임명돼 성(省)을 통치하다, 1949년, 윈난 성의 독립을 선언하고 중화인민공화국에 귀속시켰다.

천이(陳毅, 1901.8.26. ~ 1972.1.6.)

중화인민공화국의 정치가이자 군인이다. 공산당 입당 후 국공합작이 결렬되자, 1927년, 난창(南昌) 봉기에 가담했다. 중일전쟁이 발발하고 제2차 국공합작이 이루어져 신사군(新四軍)을 지휘하며 화난(華南) 지방에서 일본군과 맞서 싸웠다. 중화인민공화국 수립 이후 군 원수, 외교부 부장 등 요직을 두루 거쳤으나 문화대혁명 때 실각했다.

7 · 7사변[루거우차오(盧溝橋) 사건] 후, 일본은 파죽지세로 중국 중원(中原)
지역을 침략해 들어갔다. 산시(山西) 전선에서 일본군 이타가키(板垣) 사단은
국민당 군대가 주둔하고 있던 링추(靈丘)를 점령한 후 계속 남하해 동북쪽
변경 요충지인 핑싱관에 접근했다. 일본군의' 기세를 꺾고 전국적인 항전의
지를 북돋우기 위해, 1937년 9월, 제115사단을 주력으로 한 팔로군(八路軍)
은 핑싱관에서 상대의 허를 찌르는 전술로 일본군 3천여 명을 무찌르고, 중
일전쟁 초기 중요한 첫 승리를 거두었다.

글 · 쒸정푸(鎭正甫)
그림 · 천위셴(陳玉先)

그림으로 읽는 제2차 세계대전 ❷
중일전쟁의 전개
핑싱관(平型關)에서의
첫 승리

1

1937년 7·7사변 후, 일본군은 중원 지역을 대대적으로 침략하면서 3개월 내에 중국을 점령할 것이라고 큰소리쳤다. 이로써 화베이(華北)뿐만 아니라 전 중국이 전쟁의 소용돌이에 휘말리게 됐다.

7·7사변 이튿날, 중국공산당중앙위원회(이하 '중공중앙')는 전국에 항전 선언을 발표하고, 전체 동포와 군대가 일치단결해 공동으로 일본과 맞서 싸울 것을 호소하며, "군중을 동원하고 인민의 힘에 의거해 인민 전쟁을 치를 것"이라는 항전 노선을 전면적으로 밝혔다.

1주일 뒤, 중공중앙은 국민당에 공동 항전을 위해 홍군(紅軍)의 부대 번호를 버리고 국민혁명군으로 들어가겠다는 뜻을 전달해 국민당과의 합의를 이루어냈다.

8월 22일부터 25일까지 중공중앙 정치국은 산베이(陝北) 뤄촨(洛川)에서 회의를 열고 항일 강령과 정책을 제정했다. 회의에서 중공중앙군사위원회는 산간닝[陝甘寧, 산시(陝西)·간쑤(甘肅)·닝샤(寧夏)] 지역의 홍군 주력을 국민혁명군 제팔로군(第八路軍)으로 개편했다.

팔로군 휘하에 제115 · 120 · 129 사단이 편성됐고 총지휘에 주더(朱德), 부총지휘에 펑더화이(彭德懷)를 임명했다.

전국적으로 항일 여론이 거세지자 9월 23일, 당시 국민정부군사위원회 위원장 장제스(蔣介石)는 공산당의 합법적 지위를 승인했다. 10년간 치열한 내전을 벌였던 국공 양당은 공동의 목적인 항일 투쟁을 위해 제2차 합작을 실현했다.

9월 말, 팔로군은 주더와 펑더화이의 지휘 아래 두 갈래로 나누어 동쪽으로 황허 강(黃河)을 건너 산시 동북, 동남 전선으로 달려갔다.

장제스는 항전에 동의했지만 여전히 일본과의 타협에 대한 미련을 버리지 못했으므로 화베이 전선에서 국민당 정규군은 패배를 거듭하며 도시를 빼앗기고 계속해서 퇴각했다.

산시 전선에서는 옌시산(閻錫山) 국민당 제2작전구역 사령관이 소속부대에 다퉁(大同)을 포기하라고 명령해 이타가키 사단은 손쉽게 다퉁을 점령했다.

그 후 일본군은 연이어 양찬(陽泉), 광링(廣靈), 링추를 점령했고, 동시에 두 방향으로 남하해 하나는 옌먼관(雁門關)으로, 다른 하나는 핑싱관으로 진격했다.

9월 하순, 일본군의 기세를 꺾고 전 국민의 항일 투지를 북돋우기 위해 팔로군 총사령부는, 제120사단은 옌먼관 일대를 엄호하고 제115사단이 주력이 돼 천연요새인 핑싱관을 이용해 적들을 일망타진하기로 했다.

팔로군 제115사단은 린뱌오(林彪), 녜룽전(聶榮臻), 뤄룽환(羅榮桓)의 인솔로 산시 서남쪽 허우마 시(侯馬市)에서 기차를 타고 산시 동북쪽으로 이동하기로 계획했다. 둥베이(東北)에서 피난해 온 많은 학생들이 폭우를 맞으며 그들을 배웅했고, 전사들은 "피를 쏟으며 죽을지 언정 망국의 국민은 되지 않으리"라고 소리 높여 외쳤다.

제115사단은 위안핑(原平) 역에서 내려 정·부 지휘관인 주더와 펑더화이의 명령에 따라 링추 이남 상자이(上寨) 지역에 대기했다. 그 시각, 이타가키 사단은 국민당 군대가 주둔하고 있던 링추를 점령하고 계속 서쪽으로 진군해 핑싱관에 다다르고 있었다. 중국군은 시간을 벌기 위해 최대한 신속하게 전진했다.

핑싱관은 산시 성(山西省) 판즈 현(繁峙縣)에 위치했는데, 북으로 헝산 산(恒山), 남으로 우타이 산(五臺山)이 서로 이어져 맞닿아 있는 데다 지세가 험준해 산시 동북 변경의 요충지이자 네이창청(內長城)의 요새였다.

9월 23일 오전, 제115사단 사단장은 중대장 이상 간부회의를 열고 핑싱관 작전에 대한 상
세한 배치와 구체적 임무를 전달했는데, 제685연대는 일본군 선두를 막고 제687연대는 꼬
리를 끊으며 제686연대는 허리를 공격해 적을 섬멸하는 것이다.

전투 배치에 근거해, 제115사단은 핑싱관에서 둥허난 진(東河南鎭) 사이 10km 되는 산골짜
기에 매복해 일본군을 습격하기로 했다. 석양이 질 무렵 제115사단 소속 각 연대는 신속하
게 매복 지역으로 이동했다.

주공격 임무를 맡은 686연대는 리톈유(李天佑) 연대장과 양융(楊勇) 정치위원의 인솔 아래 밤새 펑싱관에서 약 15km 떨어진 란좡(臀莊)에 달려간 후 다시 폭풍우를 무릅쓰고 예정된 기습 지점으로 가서 도로 옆 산골짜기에 매복했는데, 25일 아침에서야 모두가 진지에 진입할 수 있었다.

양융과 리톈유는 지휘소에서 기습할 지역의 상황을 살펴보았다. 마침 도로 북쪽에는 3, 4백 미터 높이의 민둥산이 있었는데, 산허리에 있는 자그마한 라오예먀오(老爺廟)가 도로 상황을 파악하고 통제할 수 있는 장소로 적당해 보였다.

리톈유는 통신으로 각 대대의 은폐 상황을 상세히 알아보고 나서 3대대에 전투가 시작된
후 반드시 1개 중대의 병력으로 라오예먀오를 우선 점거해야 함을 거듭 강조했다.

아침 7시, 백여 대의 자동차가 일본군 병력과 군용 물자를 싣고 산골짜기를 따라 난 도로
에 들어섰고 그 뒤로 트럭 2백여 대와 노새, 말이 뒤따랐다.

10km 정도 되는 좁은 산골짜기에 일본군 기병이 뒤따르고, 가장 뒤편에는 보병 대오가 기세등등하게 전진해 오고 있었다.

팔로군 병사들은 소총과 수류탄을 손에 꽉 쥐고 타오르는 분노를 억누르며 적당한 시기를 기다렸다. 도로가 질척거려 수십 대의 일본군 자동차가 싱좡(興莊)과 라오예먀오 사이에서 갑자기 멈췄는데, 이 때문에 뒤따라오던 행렬이 한데 뒤엉켜 버렸다.

정찰 결과, 리톈유 연대장은 멈춰 있는 일본군이 분명 이타가키 사단 후미일 것으로 판단하고, 공격 시기를 놓치지 않기 위해 참모를 사단부에 파견해 사단장의 지시를 얻어냈다.

참모는 급히 연대에 돌아와 연대장과 정치위원에게 공격하라는 지시를 전달했다. 리톈유 연대장은 즉시 돌격 임무를 맡은 1대대에 명령했다. "공격 개시!"

연대장의 명령이 떨어지자마자 양쪽 언덕에서 기관총, 소총, 수류탄, 박격포가 일제히 불을 내뿜었다. 도로에 엉켜 있던 일본군은 순식간에 혼란에 빠지며 아수라장이 됐다.

적군은 어쩔 수 없이 서쪽에서 돌파구를 찾으려 했으나, 설상가상으로 핑싱관에서 달려오던 일본 군용차가 아군이 쏜 포에 명중돼 불이 붙어서 서쪽 도로가 막혔다. 마치 일본군은 독 안에 든 쥐 꼴이 됐다.

전투가 한창 치열하게 벌어지고 있던 중 리톈유 연대장은 사단부의 통신을 받고 급히 지휘소로 달려갔다. 사단부 지휘소는 바로 686연대 우측 뒤편의 산언덕에 있었다. 리톈유 연대장은 호위병과 함께 총알이 빗발치는 곳을 지나서 지휘소로 달려갔다.

사단장은 리톈유 연대장에게 다음과 같이 지시했다. "전투가 금방 끝나지 않을 것이며, 포위된 적군이 1개 여단 4천여 명으로 한꺼번에 전멸시킬 수 없다. 너희들이 도로의 주요 구간으로 진격해 적군을 여러 무리로 갈라놓는 동시에 다른 1개 대대를 파견해 라오예먀오를 점거하라!"

리톈유 연대장이 연대 지휘소로 돌아왔을 때 전투는 더욱 치열해져 있었다. 적군은 파괴된 자동차 뒤에 몸을 숨긴 채 686연대 진지를 향해 맹렬하게 공격했다.

지휘소 주변에도 적군의 탄알이 비 오듯 쏟아졌다. 전투력을 강화하기 위해 연대장을 제외한 모든 비전투 인원도 정치위원의 지휘를 받으며 재빨리 각 대대에 내려가 전투에 참가했다.

이와 함께 연대장은 즉시 우측 산 위 3대대에 재빨리 라오예먀오를 점거하라고 명령했다.

산골짜기를 뒤흔드는 우렁찬 돌격 소리와 함께 제3대대 간부와 전사들이 용맹스럽게 도로로 돌진했다. 적군은 자동차와 웅덩이를 방패 삼아 죽기 살기로 저항했으며, 686연대 전사들은 적군의 포화 세례를 맞고 하나둘 쓰러졌다.

일본군은 중국군이 라오예먀오를 점거하려 한다는 것을 알아차리고, 즉시 병사 수십 명을 보내 재빨리 라오예먀오를 차지했으며, 그곳의 높은 지형을 이용해 686연대 정면 돌격부대를 향해 기관총을 뿜어댔다. 중국군 병사들은 죽음을 무릅쓰고 전투에 임했지만 적의 포화로 인해 9중대에는 십여 명밖에 남지 않았다.

전사들이 하나둘 쓰러지는 것을 보면서 리톈유 연대장은 침통하기 그지없었다. 잠깐 고민하던 그는 결연하게 통신기를 들어 3대대 대대장에게 어떤 대가를 치러서라도 반드시 라오예먀오를 점거하라고 명령했다.

3대대의 돌격을 엄호하기 위해, 리톈유 연대장은 측면 중대에 적군에 대한 공세를 높여 적의 화력을 유인하라고 명령했다. 산골짜기에는 탄알이 순식간에 우박처럼 쏟아졌고 적들은 혼란에 빠졌다.

이 기회를 틈타 3대대 대대장은 병사들에게 수류탄을 대량으로 투척하게 하고, 자욱한 연기 속에서 병사들과 함께 도로 위 혼란스러운 적군과 육탄전을 벌여 수많은 적군을 해치웠다.

중국군이 도로 위 적군을 소탕한 후, 3대대 대대장은 직접 돌격대를 이끌고 라오예먀오를 향해 올라가기 시작했다.

라오예먀오를 점거하고 있던 적군은 황급히 총구를 돌려 3대대 돌격대를 향해 사격했고, 3 대대 대대장은 부상당했지만 이를 악물고 침착하게 돌격대원들을 지휘했다.

일본군의 화력이 매우 거셌으므로 3대대 대대장은 돌격대를 여럿으로 나누어 에돌아 올라 가기로 했다. 전사들이 우회해 라오예먀오에서 30여m 떨어진 산비탈에 이를 때쯤 2대대 증원부대가 도착했다.

아군 화력의 엄호를 받으며 돌격대 용사들은 단숨에 적군의 코앞까지 다가갔다. 수십 개 수류탄이 동시에 적군 진지를 향해 투척되자 적군 기관총은 금방 조용해졌다. 드디어 3대 대는 라오예먀오에 있던 적군을 소탕하고 그곳을 차지했다.

라오예먀오를 점거한 3대대 대대장은 즉시 병사들에게 계속 저항하고 있는 도로 쪽 적군을 향해 사격할 것을 명령했다. 적군은 앞뒤로 협공을 당하면서 아수라장이 됐다.

리톈유 연대장은 즉시 다른 2개 대대에 화력을 집중해 도로에 몰려 있는 적군을 공격하라고 명령했다. 686연대의 전면 공격이 시작된 것이다. 탄알, 포탄이 우박처럼 적군을 향해 쏟아졌다.

절박한 상황에 몰린 일본군 지휘관은 군도를 휘두르며 나머지 수백 명 적군을 이끌고 라오예먀오로 반격해 왔다.

라오예먀오를 점거한 3대대 병사들은 적들이 진지에 가까이 접근할 때까지 침착하게 기다렸다가 맹렬히 사격했다. 중국군의 강력한 화력 앞에서 적군의 공격은 매번 실패했다.

전투 상황이 달라짐에 따라 686연대 지휘소를 도로 북쪽 산비탈로 옮겼다. 리톈유 연대장
은 곧바로 사단장에게 전투의 진행 상황을 보고했다.

마침, 적군 수백 명이 지휘관의 욕설을 들으며 라오예먀오를 공격해 오고 있었다. 라오예
먀오에서 전투를 지휘하던 양융 정치위원은 병사들에게 "죽음을 두려워하지 않는 혁명정
신으로 떨쳐 일어나 침략자들을 무찌르자"라고 외쳤다.

3대대는 치열한 전투를 거쳐 일본군을 또 한 번 물리쳤다. 팔로군 병사들이 잠시 적들이 조용한 틈에 진지를 재정비하고 있는데, 적기 몇 대가 짙은 먹구름 속에서 불쑥 나타나더니 라오예먀오를 향해 급강하했다.

자신들을 엄호하러 온 비행기를 본 적군은 또다시 라오예먀오를 향해 진격해 왔다. 686연대 3대대 전사들은 용감한 기개로 일본군을 향해 맹렬한 공격을 퍼부었고, 적군은 연이어 산골짜기 아래로 굴러 떨어졌다.

적군의 포탄 하나가 3대대 진지에 떨어져 양용 정치위원은 오른쪽 다리에 부상을 입었고 위생병이 급히 달려와 상처를 싸맸다. 그는 아픔을 가까스로 참고 3대대에 진지를 끝까지 지켜내야 한다고 강력하게 외쳤다.

위기일발의 순간, 687연대 증원부대가 동쪽에서 공격해 왔다. 탄알과 수류탄이 적군을 향해 마구 쏟아졌다.

이때, 라오예먀오를 점거하고 있던 686연대도 화력을 집중해 전면 공격을 개시하면서 측면에서 공격해 오는 687연대 증원부대와 일본군을 협공하는 상황이 됐다.

일본군은 중국군의 강력한 공세에 막대한 사상자를 냈다. 일부 패잔병들이 좌충우돌했으나 중국군의 포위를 뚫지 못하고 수풀 속에 숨어들어가 각자 살길을 찾았다.

오후 3시, 싱좡에서 라오예먀오 사이에 있던 일본군은 모두 전멸했다. 2개 연대의 장병들은 서로 껴안고 승리를 환호했다.

곧이어 사단장은 686·687 연대에 서쪽 둥파오츠(東泡池) 방향으로 달려가서 일본군 선두부대를 막고 있는 685연대를 지원하라고 명령했다.

그 시각, 685연대 병사들은 핑싱관 서쪽 둥파오츠 일대에서 2천여 명의 일본군 선두부대와 격전을 벌이고 있었다. 산골짜기는 자욱한 연기와 함께 총소리, 대포 소리, 고함 소리로 넘쳤다.

처음에 이번 작전 계획을 수립할 때 국민당 진쑤이군(晋綏軍)과 협의했는데, 둥파오츠에 들어온 적군은 그들이 저지하기로 돼 있었다. 그러나 전투가 시작된 후 진쑤이군은 아무런 공격도 하지 않았고, 적군은 총구를 돌려 팔로군 685연대에 반격하면서 산골짜기에 포위된 자기편을 구출하려 했다.

686·687 연대의 지원으로 사기가 오른 685연대 병사들은 적군을 향해 맹렬하게 사격했다. 일본군 일부는 공격에 적극적이지 않은 진쑤이군을 거세게 밀어붙여 벌어진 틈으로 도주했다. 이번 전투에서 팔로군은 일본군 총 3천여 명을 소탕하고 자동차 백여 대를 파괴하는 전과를 올려 기고만장한 일본 침략군의 기세를 보기 좋게 꺾어 놓았다.

핑싱관 전투의 승리는 전국 각지에 알려져 전 국민의 항전 열정에 불을 지폈고, 동시에 중국 국민의 항일 투쟁이 국제 정세에 큰 영향을 미치면서 팔로군의 이름도 널리 알렸다. 이후 팔로군은 계속 항일 전선에 뛰어들어 용감하게 일본 침략군을 물리쳤다.

1938년 일본 제국주의는 빠른 시일 안에 중국을 병탄하기 위해 관동군 이소가이 렌스케(磯谷廉介)와 이타가키 세이시로(板垣征四郎) 2개 정예 사단에 육로, 해로로 동시에 진격해 루난(魯南) 지역 진푸셴(津浦線)에 있는 타이얼좡에서 합류한 후 쑤베이(蘇北)의 관문인 쉬저우(徐州)를 공격하라는 명령을 내렸다. 일본군의 이 같은 계획을 뒤집어엎기 위해 중국 정면 전선인 제5작전구역 병사들은 일본군을 거칠게 몰아붙여 통쾌한 승리를 거두었다. 타이얼좡 전투는 중일전쟁이 시작된 이래 정면 전선에서 중국군이 처음으로 승리를 쟁취한 값진 전투이다.

글 · 장둥후이(張東輝)
그림 · 우카이(吳愷) · 딩신위안(丁新媛)

그림으로 읽는 제2차 세계대전 ❷

중일전쟁의 전개

타이얼좡(臺兒莊) 전투

2

1937년 말, 관동군 최고지휘부는 이소가이와 이타가키 두 정예 부대가 수륙으로 동시에 진격해 루난 지역 타이얼좡에서 합류한 다음 진푸루(津浦路) 남쪽의 일본군과 함께 쉬저우로 쳐들어가 중국 제5작전구역 병력을 일거에 전멸시키려 했다.

타이얼좡은 쉬저우에서 150km 정도 떨어진 곳으로 소규모의 중국군 병력이 그 동남쪽 위왕 산(禹王山)에 주둔하고 있었다. 만약 일본군이 타이얼좡을 점령한다면 뒤이은 쉬저우 함락은 식은 죽 먹기였다. 방비를 강화하기 위해 장제스는 리쭝런(李宗仁)을 제5작전구역 사령관으로 임명해 쉬저우로 파견했다.

1938년 1월 12일, 해로로 쳐들어온 이타가키 사단은 함포의 엄호 아래 칭다오(靑島) 로산만(嶗山灣)과 푸다오(福島) 상륙을 강행해 손쉽게 칭다오를 점령했다.

칭다오를 점령한 일본군은 자오지루(膠濟路)를 따라 서진하다가 웨이 현(濰縣)에서 남쪽으로 꺾어 가오미(高密), 주청(諸城), 쥐 현(莒縣) 일대를 휩쓸었다. 2월 초 그 선두부대가 루난 군사 요충지인 린이(臨沂)에 다다랐다.

그 시각, 육로로 쳐들어온 이소가이 사단은 진푸센을 따라 남하해 황허 강 기슭에 다다랐다. 원래 진푸센 북쪽을 지키고 있던 제5작전구역 부사령관 겸 제3집단군 총사령관인 한푸취(韓復榘)는 이소가이와 내통했는데, 그가 결단을 내리지 못하자 일본군은 대포로 위협해 굴복시키려 했다.

한푸취가 일본과 항복 조건을 협상하는 사이, 1937년 12월 23일, 이소가이는 칭청(青城), 지양(濟陽) 사이에서 황허 강을 건너, 27일, 지난(濟南)을 점령했다. 이런저런 궁리를 하던 한푸취는 결국 휘하 부대에 저항하지 말라고 명령하고 황급히 도망쳤다.

일본군은 기세를 몰아 진푸루(津浦路)를 따라 남하해, 12월 31일, 타이안(泰安)을 점령했다. 1938년 1월 2일, 한푸취가 적에 맞서 싸웠다면 분명 지킬 수 있었던 다원커우(大汶口)를 포기해, 1월 5일, 일본군은 순조롭게 루난 요충지인 지닝(濟寧)을 접수했다.

제5작전구역 신임 사령관 리쭝런은 아군이 후퇴했다는 전보를 받고 즉시 한푸취에게 긴급 전보를 보내 요새에서 적을 방어하라고 명령했으나, 한푸취는 명령을 무시하고 가족과 장비가 온전한 2개 군단을 이끌고 산둥(山東) 서쪽으로 나아갔다.

한푸취의 행동은 적군에게 길안내를 하는 것과 다름없어 이소가이 사단은 한푸취의 대오를 따라 손쉽게 목적을 달성했으며, 해로로 쳐들어오는 이타가키 사단과 멀리서 서로 호응했다. 1938년 2월 상순, 이소가이는 연이어 텅 현(滕縣), 페이청(費城)을 공격하려 했고, 이타가키 사단도 린이 공격을 서두르면서 형세는 더욱 위급해졌다.

쉬저우에서 300km 정도 떨어진 린이가 함락되면 쉬저우는 그대로 적에게 노출되므로 이소가이와 이타가키 사단의 타이얼좡 합류 계획이 앞당겨 실현될 수도 있었다. 이 때문에 리쭝런은 밤새 긴급군사회의를 열었으나 장교들은 아무런 대책도 내놓지 못했다.

지도에서 하이저우(海州)를 본 리쭝런은 한 가지 묘책을 생각해냈다. 그는 하이저우에 주둔해 있던 팡빙쉰(龐炳勛)의 제3군단을 신속히 이동시켜 린이를 지키게 하기로 했다. 제3군단은 잡군으로 사실상 5개 보병연대뿐이며 총과 탄약 등 장비가 하나도 없었다. 리쭝런은 즉시 제3군단에 군수품과 탄약을 지급하도록 조치했다.

리쭝런이 보낸 군수품과 무기가 팡빙쉰 군단 본부에 전해지자 병사들은 기쁨에 들끓었다. 깊이 감동한 팡빙쉰도 일본군과 한판 겨루고 조국을 위해 몸 바칠 것을 다짐했다. 팡빙쉰은 즉시 군대를 이끌고 린이로 달려가 며칠 사이에 방어진지를 구축 및 보강했다.

2월 하순, 일본군 1만여 명을 거느린 이타가키는 전차를 선두에, 기병을 가장 뒤에 세우고 린이에서 10km 정도 떨어진 어좡(鵝莊), 두수터우(獨樹頭) 일대에 기세등등하게 도착해, '돼지머리'로 불리는 고노 미츠루(河野滿) 연대장에게 린이를 공격하라고 명령했다.

고노의 연대가 작은 언덕 위로 올라오자마자 '쾅' 하는 소리와 함께 제3군단 방어진지에서 포탄이 날아와 일장기를 흔적도 없이 날려버렸다.

고노는 많은 군사를 잃고 얼굴은 피범벅이 된 채 겨우 빠져나와 "린이의 중국군이 예상외로 강합니다"라고 보고했다. 대노한 이타가키는 사단의 정예부대를 파견했고, 동시에 산포(山砲)연대와 기병여단을 파견해 팡빙쉰의 부대를 공격하게 했다.

팡빙쉰 군단 5개 연대 병사들은 기세등등한 적군을 두려워하지 않고 성벽 위에서 적의 공격을 저지했다. 일본군은 계속 돌격했지만 한 발짝도 앞으로 나아가지 못했다.

린이의 상황을 알리는 첩보가 쉬저우에 전해지자 국내외 기자들은 너도나도 리쭝런 관저에 달려가 탐문해 "보잘것없는 중국 잡군이 가장 우수한 일본 황군을 매섭게 몰아붙였다"라는 뉴스를 발 빠르게 전했다.

어촹, 두수터우 일대에서 직접 지휘하던 이타가키는 모멸감을 느껴 반드시 팡빙쉰의 제3군단을 소탕하고 린이를 피로 물들이겠다고 다짐하고 공격 강도를 높였다. 제3군단은 심각한 피해를 입었고 탄약도 부족해 점차 힘을 잃어갔다.

팡빙쉰은 쉬저우에 긴급 전보로 지원을 요청했다. 리쭝런은 곧 진푸셴의 장즈중(張自忠) 제
59군단에 신속히 제3군단을 지원하라고 명령했다. 장즈중은 과거 팡빙쉰과 대립이 있었지
만 대의를 위해 신속히 명령에 따랐다.

장즈중은 즉시 군단을 이끌고 재빨리 북상해 3월 12일 황혼 무렵, 린이 교외에 도착했다.
그는 부관을 성안으로 보내 연락하는 한편 부대에는 잠복해 대기하라고 명령했다.

초조하게 지원군을 기다리던 팡빙쉰은 장즈중의 부관이 와서 제59군단과 함께 일본군을
협공하기로 약속하고는 대단히 기뻐했다.

이튿날 아침, 일본군이 린이를 맹공격하는 순간 갑자기 사방에서 총소리가 울렸다. 미처
경계하지 못한 일본군은 많은 사상자를 냈다.

린이 성 위에서 모든 상황을 지켜보던 팡빙쉰이 "형제들, 지원군이 왔다. 우리도 즉시 나가서 함께 싸우자!"라고 외쳤다. 나팔 소리와 함께 사기가 오른 병사들이 대검을 꽂아들고 성 밖으로 뛰쳐나가 적군을 공격했다. 일본군은 막대한 사상자를 내고 후퇴했다.

장즈중 군단과 팡빙쉰 군단은 교외에서 합류했다. 린이에서의 승리는 이소가이, 이타가키 부대가 타이얼좡에서 합류하기로 한 계획을 무산시켰고, 동시에 이소가이 사단만 깊숙이 파고들어 옴으로써 타이얼좡 전선에서 중국군이 이들을 섬멸할 수 있는 계기가 됐다.

당시 지닝에 자리 잡고 있던 이소가이는 이타가키 사단이 린이에서 패한 것을 두고 자신이 더 큰 전과를 낼 수 있는 기회로 여겼다. 3월 중순, 이소가이는 전차를 선두에 세우고 중포(重砲)를 방패로 하여 쩌우 현(鄒縣)을 공격해 수월하게 점령했다.

손쉽게 쩌우 현을 점령한 이소가이는 냉정을 잃고 자만심에 빠져 적을 더욱 하찮게 보았다. 그는 "반나절이면 텅 현을, 3일이면 타이얼좡을 점령할 수 있다"라고 큰소리쳤다.

이소가이 사단이 쳐들어오자 당황한 텅 현 백성들은 그곳을 지키고 있던 제122사단이 보호해 주기만을 기대할 뿐이었다. 왕밍장(王銘章) 제122사단 사단장은 반년 전 청두(成都)에서 간청해 항전하기 위해 텅 현에 왔다. 사단의 장비는 형편없었지만 적들이 코앞으로 들이닥친 상황에서 그는 텅 현과 끝까지 함께하기로 결심했다.

텅 현 백성들은 담가대(擔架隊), 수송대, 위문대 등을 조직해 차와 술을 들고 부대를 위문했다. 이에 감격한 제122사단 병사들은 백성들과 함께 성을 끝까지 지키기로 굳게 마음 먹었다.

이소가이가 공격 명령을 내리자 대포가 일제히 텅 현을 맹공격하면서 성벽이 무너져 내렸다. 병사들은 대검을 꽂아들고 일본군과 육박전을 벌였다. 일본군 전차가 쳐들어오자 폭발 장치가 부족했던 수비군은 수류탄을 몸에 묶고 전차 바퀴 밑으로 굴러 들어갔다.

왕밍장 사단장은 직접 참모 인원과 보급 인원으로 구성된 예비대를 이끌고 전투가 가장 치열한 곳마다 찾아다녔다. 탄약이 거의 떨어지고 절반 이하로 병사가 줄어든 상황에서 그는 인력과 탄약을 아끼라고 명하는 동시에 상부에 긴급 지원을 요청했다.

라이우

린이

리쭝런이 텅 현의 전황을 보고받은 것은 전투가 시작된 지 3일째 되는 날이었다. 그 시각, 이소가이는 이미 2개 정예부대를 파견해 지원부대를 저지할 준비를 마쳤다. 지원이 어렵게 되자 리쭝런은 왕밍장에게 대의를 위해 끝까지 싸워줄 것을 부탁했고, 왕밍장은 최후 1분까지 싸워 일본군을 잡아두겠다고 다짐했다.

때마침 중앙군 정예부대 탕언보(湯恩伯)의 제20군단이 명을 받고 제5작전구역으로 이동해 쉬저우 전투에 참가하려 했는데 선두부대 85군이 먼저 도착했다. 리쭝런은 85군에 즉시 텅 현으로 가라고 명령했다.

그러나 때는 이미 늦었다. 전력이 너무 차이 나는 데다 탄약과 식량이 바닥난 상황에서 텅현은 이미 하루 전날 적들의 손에 들어갔고, 제122사단 천여 명 장병은 모두 장렬하게 전사했다. 그러나 그들의 희생은 적의 공세를 지연시켜 리쭝런이 군대를 재배치하는 데 필요한 시간을 벌어주었으며, 타이얼좡 전투의 기반이 된 고귀한 희생이었다.

제122사단과 겨뤄 또 한 차례 승리한 이소가이는 더욱 기고만장해졌다. 그는 이타가키와 타이얼좡에서 합류하기로 했던 원래 계획을 무시하고 단독으로 타이얼좡으로 쳐들어갔다.

리쭝런은 연일 계속 제2집단군 쑨롄중(孫連仲)부와 제20군단 탕언보부의 고급 장성을 소집해 군사회의를 열고, 이소가이의 교만하고 상대를 무시하는 성향에 초점을 맞춰 전투 전략을 세웠다.

회의에서 쉬저우로 교대 배치된 지 얼마 안 된 쑨롄중 제2집단군 사령관이 벌떡 일어나서 "나는 펑위샹 서북군 출신이다. 방어는 나의 주특기이므로 타이얼좡에서의 방어전은 우리 제2집단군이 해낼 것이다"라고 말했다.

제2집단군 휘하 톈전난(田鎭南) 30군 군단장, 평안방(馮安邦) 42군 군단장, 장진조(張金照) 30사단 사단장, 츠펑청(池峰城) 31사단 사단장 등도 뒤따라 간청했다. 리쭝런은 그 자리에서 즉시 '국군정화(國軍精華)'로 불리는 제20군단을 미끼로 적을 깊숙이 유인해 섬멸하기로 했다.

어느 날, 이소가이의 선두부대가 탕언보 제20군단의 매복 습격을 받았다. 진푸셴에서는 일시에 탄알이 마구 날아다니고 병사들의 고함 소리가 귀청을 때렸다. 이소가이는 일본군이 중국군 정예부대 제20군단을 바싹 뒤쫓고 있음을 전해듣고, 기쁨에 들떠 어떠한 대가를 치르서라도 이 부대를 섬멸시키라고 명령했다.

일본군은 결전태세였으나 제20군단은 싸우고 후퇴하기를 거듭 반복했다. 연이은 승리에 눈이 먼 이소가이는 자신감이 넘쳐 부대에 끝까지 쫓아가라고 명령했다. 이에 제20군단은 진푸루(津浦路) 정면을 피해 바오두구(抱犢崮) 동남쪽 산악 지대로 퇴각했다.

이소가이는 20군단이 자기들의 진군 방향을 돌려놓아 이타가키 사단과의 연계를 차단했음을 알아채지 못하고 곧장 타이얼좡으로 쳐들어갔다. 3월 23일, 이소가이 선두부대가 새벽부터 타이얼좡에 대한 총공격을 시작해, 오후에는 이미 톈전난(田鎭南)의 제30군단 방어선을 돌파하고 베이니거우(北泥溝) 역까지 진격했다.

24일 아침, 이소가이는 비행기, 전차, 각종 화포를 동원해 푸왕(蒲旺), 신좡(辛莊), 펑황차오 (鳳凰橋) 등 그 일대의 방어진지를 초토화하는 작전을 실시했다. 중국군 제2군단 병사들은 피해가 막심했으나 죽을힘을 다해 돌격해 오는 일본군을 저지했다.

일본군 전차는 중국군 1선 진지를 밀어버리고 계속해서 27사단 2선 진지를 향해 돌격했다. 전차를 격파할 중포(重砲)가 부족하자 황쑹차오(黃松樵) 사단장은 과감하게 포병연대에 82 포로 전차를 조준해 직사(直射)하게 함으로써 일본군 전차 여러 대를 연이어 파괴했다.

일본군의 맹렬한 공세에 31사단의 방어선이 위태로워졌고, 츠펑청 사단장은 할 수 없이 병사들에게 마을의 민가로 들어가 적들과 계속 공방전을 벌일 것을 명령했다.

제2집단군 장병들은 이처럼 온몸으로 일본군의 포화와 전차를 막으며 필사의 각오로 진지를 지켜냈다. 일본군은 3일 밤낮을 맹공격한 끝에 27일에 타이얼좡 시가지에 진입했다. 중국군은 적군과 시가전을 벌이면서 한 치의 땅도 쉽게 양보하지 않았다.

전장에서 먼지를 가득 뒤집어쓴 쑨렌중은 각 사단의 사상자가 절반이 넘고 탄약도 부족하다는 보고를 연이어 받았다. 이에 그는 방어선을 축소해 방어력을 유지하고, 탕언보 군단이 이소가이 뒤쪽에서 공격하기를 기다려 다시 반격하는 것으로 작전을 재배치했다.

리쭝런이 수차례 일본군을 협공하기 위해 재빨리 남하할 것을 탕언보에게 지시했으나, 탕언보는 자기 군단의 전투력을 유지하기 위해 구퍼 산(姑婆山) 지역에서 더는 전진하지 않았다. 대노한 리쭝런이 직접 탕언보를 만나 "공격을 계속 지체한다면 장제스 위원장에게 보고하겠다"라고 으름장을 놓고 나서야 그는 명에 따랐다.

탕언보가 느릿느릿 남하하는 동안 타이얼좡 수비군은 거의 전멸되다시피 했다. 4월 3일, 타이얼좡의 3분의 2가 일본군에 점령됐다. 제2집단군은 남쪽 관문 한 구석을 지키고 있었는데 사상자 수가 10분의 7을 넘어섰다.

츠펑청 타이얼좡 전초 진지 지휘관 겸 제31사단 사단장은 쑨롄중에게 잠시 타이얼좡에서 후퇴해 운하 남쪽 기슭에서 지원을 기다릴 것을 요청했다.

쑨롄중은 급히 리쫑런에게 보고했다. 리쫑런은 지금 타이얼좡을 포기하면 모든 노력이 허사가 되며, 또한 탕언보 군단이 이튿날 오후쯤이면 타이얼좡 북쪽에 도착할 것이니, "오늘밤 일본군을 급습해 적군의 내일 새벽 공격 계획을 분쇄할 것"을 명령하는 동시에 직접 전투를 지휘·감독하기로 결정했다.

쑨롄중은 리쫑런의 생각을 알고 나서 츠펑청에게 "타이얼좡은 반드시 지켜내야 한다. 병사가 없으면 네가 나가고, 네가 희생되면 내가 나갈 것이다. 다시 후퇴라는 말을 꺼내면 죽음뿐이다!"라고 말했다. 츠펑청은 이를 악물고 대답했다. "저의 이 뜨거운 피를 전장에 쏟을 것입니다!"

쑨롄중은 즉시 긴급 배치를 했다. 경상자(輕傷者), 취사원, 잡역부 등 모두를 포함해 10여 개 결사대를 조직하고 그들에게 잠시 휴식을 취한 후 출격 준비를 하게 했다. 전체 사령부가 들끓기 시작했다.

한밤중, 수백 명 결사대로 구성된 분대는 팔에 하얀 수건을 매고 늦봄 자욱한 안개 속에 서 적의 군영으로 더듬어갔다. 그 시각, 피곤한 일본군은 아무것도 모른 채 단잠에 빠져 있었다.

결사대가 대담하게 공격해 오자 당황한 일본군은 후퇴했다. 제2집단군은 단번에 일본군에 의해 점령됐던 4분의 3 지역을 탈환했다. 이소가이는 일이 잘못된 것을 알고 급히 타이얼좡 북쪽 문까지 후퇴한 후 날이 밝으면 다시 반격하려 했다.

그러나 날이 밝자마자 타이얼좡 북쪽에서 거센 중포(重炮) 소리가 울렸다. 탕언보 군단이 이소가이 사단의 뒤쪽에서 나타난 것이다. 그제야 이소가이는 포위된 것을 알고 급히 후퇴 명령을 내렸으나 이미 때는 늦었다.

선두 지휘하던 리쭝런은 결전의 시각이 온 것을 알고 쑨롄중에게 타이얼좡 수비군을 거느리고 전면 출격할 것을 명령했으며, 자신의 수하 인원도 협동 작전에 투입했다. 삽시에 함성 소리가 하늘을 뒤흔들었고 병사들은 용감하게 싸웠다.

이소가이 사단은 탄약, 휘발유가 모두 떨어지고 기동 차량 대부분이 파괴되거나 움직일 수 없어 부득이하게 이 현(嶧縣)으로 철수했다. 인원조사 결과, 이소가이 사단은 모두 1만 7천여 명의 병사를 잃었다.

관동군 최고사령부는 타이얼촹 점령 계획의 성공을 위해 이소가이 부대에 화포와 탄약을 보충하고, 괴뢰군 류구이탕(劉桂堂)부를 증원군으로 파견했다. 이소가이는 잠깐 숨을 돌린 후 4만 명 정도 되는 이타가키 사단과 함께 두 갈래로 나누어 재차 타이얼촹을 공격했다.

우한(武漢)에 있던 장제스는 타이얼촹에서의 승리로 흥분되면서도 다음 단계 대책 수립에 골머리를 앓고 있었다. 쑨렌중 군단이 이미 전투력을 상실했기에 오직 탕언보 군단과 위쉐중(于學忠)의 1개 사단이 총 2만 명도 되지 않는 병력으로 타이얼촹을 지키고 있어 급히 새로운 군대를 파견해야만 했다.

이때 마침 제60군이 명을 받고 우한을 방어하러 왔다. 60군 휘하에는 3개 사단, 6개 여단, 12개 연대가 있었고, 루한(盧漢) 군단장, 장충(張沖) 사단장, 가오인화이(高蔭槐) 등 그 외 여단장, 연대장 대다수가 혈기 왕성한 소장파였다.

우한에 도착한 60군은 주(駐)우한 팔로군 사무실 책임자와 공산당이 이끄는 구국 단체 및 각계 진보 인사들의 주목을 받았다. 예젠잉(葉劍英), 뤄빙후이(羅炳輝) 등 공산당 고급 장성들은 루한, 장충 등과 수차례 만나 함께 당시 형세 및 구국 대계에 대해 이야기를 나눴다.

장제스는 즉시 루한을 불러 60군을 거느리고 쉬저우로 달려가 전투에 나설 것을 명했다.
루한은 기대를 저버리지 않고 적군과 싸워 설욕할 것을 다짐했다.

장제스가 새로운 배치를 할 무렵, 타이얼좡에 주둔하고 있던 탕언보와 위쉐중은 이소가이
와 이타가키가 또다시 공격해 온다는 소식을 전해들었다. 그들은 현재의 병력으로 적군을
당해내지 못한다고 판단해, 21일 저녁, 좌우 양익부터 후퇴하기 시작했다. 타이얼좡 일대
방어선에 구멍이 뚫린 것이다.

일본군 선두부대 2개 보병중대와 기병 약 4, 5천 명이 화포 30여 문과 전차 20여 대의 엄호를 받으며 방어선의 뚫린 구역으로 진입했고, 돌파구를 더욱 넓혀 남쪽을 공격해 타이얼좡을 점령하려 했다.

4월 21일, 루한은 쉬저우에 도착해 세 갈래로 나누어 타이얼좡으로 급히 달려갔다. 4월 22일 이른 새벽, 각 부대는 이미 운하를 건넜다. 8시경, 제183사단 판쉬돤(潘朔端) 연대와 천중수(陳鍾書) 여단이 천와팡(陳瓦房), 싱자러우(邢家樓) 일대에서 일본군과 맞닥뜨렸다. 루한은 어떤 대가를 치러서라도 적에게 뚫린 구역을 막으라고 명령했다.

천와팡에서 판쉬된 연대의 인궈화(尹國華) 대대는 며칠 전에 이곳을 점령한 일본군 대대와 격전을 벌였다. 인궈화는 돌격 중대를 이끌고 일본군 심장부인 지휘부에 먼저 쳐들어간 후 다시 밖으로 적을 각개 섬멸하는 전술을 써 끝내 천와팡을 탈환했다.

이소가이는 형세가 심상치 않다고 보고, 즉시 천와팡으로 들어가는 도로를 막아 중국군의 지원을 차단하는 한편 우세한 병력으로 인궈화의 500여 명 병사들을 겹겹이 에워쌌다. 포탄 하나가 날아들면서 인궈화가 전사했고, 얼마 후 진지와 함께하기로 맹세했던 장병들 역시 모두 장렬하게 전사했다.

인귀화 중대의 희생은 적들을 견제함과 동시에 시간을 벌어줘 루한이 인솔한 대군은 순조롭게 진지에 진입할 수 있었다. 루한은 눈물을 머금고 이를 악문 채 3군 전체에 "피의 원수를 기억하고, 기필코 적을 물리치자"라고 외쳤다.

싱자러우, 우성탕(五聖堂) 지역에서 천중수 여단은 일본군과 맞닥뜨려 이른 아침부터 고된 접전을 벌였다. 천 여단장의 기지와 결단으로 적군보다 먼저 진지를 점거해 이타가키 사단 소속부대의 여러 차례 공격을 물리쳤으며, 오후 5시경, 천 여단장을 선두로 참호에서 뛰쳐나와 적군을 향해 돌진했다.

중국군의 매서운 공격에 뒤로 밀린 일본군은 후퇴했다. 천중수는 병사들을 이끌고 뒤쫓다가 너부러져 죽은 체하던 일본군 소좌가 쏜 총알에 머리를 맞고 중상을 입었으나, 안간힘을 써 대검을 적군 가슴팍에 내리꽂았다. 그러고 나서 총대에 몸을 지탱하고 서서 "형제들, 돌격! 모두 해치우자"라고 소리 높여 외치고는 쓰러졌다.

4월 22일 하루 동안 치열한 전투를 치른 끝에 60군 장병들은 용감한 기개로 일본군을 물리쳐 진지를 지켜냈다. 이튿날, 183·182 사단이 평황차오, 우요루(五窯路), 푸왕, 신좡 일대에서 타이얼좡 정면 진지를 탈환하는 동시에 지켜냈다.

24일 새벽, 이소가이·이타가키 사단은 병력을 집중해 60군 정면 방어선을 향해 맹공격을 퍼부었다. 치열한 접전이 계속되는 가운데 윈룽제(雲龍階) 연대장이 안타깝게도 전사했고, 싱자러우 및 신좡 등을 연이어 일본군에 빼앗겼다. 루한은 부대에 제2선 진지로 후퇴해 지원병을 기다리라고 명령했다.

24일 늦은 밤, 지원하러 온 전방(戰防) 포병이 도착하자 루한은 즉시 진지를 구축하라고 명령했다. 이튿날, 일본군이 둥좡(東莊), 휘스부(火石埠) 등 2선 진지를 포격했으나 중국군의 반격으로 전과를 거두지 못했고 중국군은 한숨 돌릴 기회를 얻었다.

그러나 제5작전구역의 지휘 실수로 루한은 이소가이와 이타가키의 협공을 받아 싸우면서 후퇴하는 상황이 됐다. 이소가이가 바싹 따라왔고 오후에는 훠스부가 점령됐으며 옌자쉰(嚴家訓) 수비군 연대장이 전사했다. 위급한 순간, 다행히도 마지우(馬繼武) 부여단장이 지원병을 이끌고 와 훠스부를 탈환했다.

루한이 잠깐 숨을 돌리는 사이 저녁이 됐고, 오른쪽 거점 후산(湖山)이 점령됐으며 둥원잉(董文英) 연대장이 전사했다는 소식이 전해졌다. 루한은 급히 각 사단 병력을 집결시켜 중점적으로 방어하면서 무모한 희생을 줄이고 지혜로 승리를 이끌어 내라고 지시했다.

27일 오후, 이소가이는 60군이 공격력을 상실했다고 판단해 3개 중대를 보내 60군 정면 방어 거점인 둥챵을 집중 공격하게 했다. 둥챵을 수비하던 장중챵(張仲强) 대대장은 급히 모두에게 몸을 숨기라고 한 뒤 적군이 50여m 앞까지 왔을 때 갑자기 맹렬한 공격을 퍼부어 적군 300여 명을 소탕했다. 이 일로 군대의 사기가 크게 올랐다.

60군은 24일부터 일본군과 교전하면서 막대한 사상자가 발생했다. 루한은 군사회의에서 주력부대를 타이얼챵 동남쪽 위왕 산으로 이동하기로 했다. 운하 동쪽 기슭에 있는 위왕 산은 왼쪽으로 타이얼챵이, 오른쪽으로 황스 산(黃石山)이 내려다보여 전체를 통제할 수 있는 지점이다. 루한은 1개 연대 병력만 남겨 타이얼챵을 지키게 했다.

4월 27일 새벽, 장충 사단장은 184사단을 이끌고 먼저 위왕 산으로 가서 동·서·북 3면 에 진지를 구축해, 전군(全軍)이 도착하면 즉시 이곳을 거점으로 전투를 벌일 수 있게 했다.

60군이 위왕 산으로 이동하는 것을 본 이소가이와 이타가키는 형세가 좋지 못함을 직감하 고, 급히 전차, 기병을 앞세우고 보병이 그 뒤를 따르게 하여, 28일 이른 새벽, 위왕 산으로 진격했다.

장충은 위왕 산 정상에서 상황을 통제하다가 적군이 보이자 곧 공격 명령을 내렸다. 지천에 총소리, 포탄 소리가 일제히 울려 퍼지고 병사들은 사전에 준비했던 바위를 산 아래로 굴려 적군을 물리쳤다.

웨이카이타이(魏開泰) 대대장은 솔선수범해 소부대를 이끌고 돌격하다가 유탄(流彈)을 맞고 쓰러졌다. 병사들은 "대대장을 위해 복수하자!"라고 외치며 적군을 향해 돌진했다. 11시경이 되어 마침내 적군을 모두 소탕했다.

관동군 최고사령부는 타이얼촹 점령이 계속 지체되자 이소가이와 이타가키에게 전보로 모든 병력을 집중해, 4월 29일, 위왕 산 주봉을 피해 서남 양측으로 공격하라고 명령했다. 60군 고급 장성들도 제때에 지휘부를 위왕 산 서남 비탈로 옮겨 병사들과 함께 생명과 대검으로 위왕 산을 지켜냈다.

8일 밤낮의 접전을 치른 끝에 중국군은 끝까지 타이얼촹 진지를 지켜냄으로써 일본군의 계획은 무산됐다. 결국 일본군은 전략 배치를 바꿔, 4월 29일 이후 주력부대를 산둥 서쪽 및 장쑤(江蘇), 안후이(安徽) 북쪽으로 이동해 쉬저우를 포위하기로 했다. 이로써 타이얼촹 전투가 종결됐다.

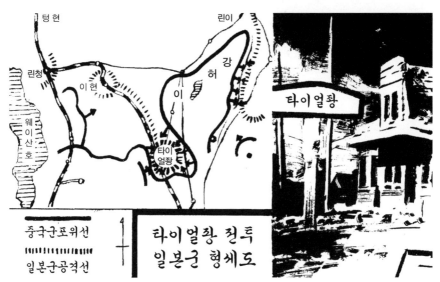

타이얼좡 전투는 중일전쟁이 시작된 이래, 중국군이 정면 전선에서 거둔 첫 번째 승리인 반면 일본군은 신식 육군을 조직한 이래 처음 겪은 참패였다. 이는 전 중국 국민의 항일 투쟁에 대한 필승의 신념을 고취시켰다.

'8·13' 상하이 전투 후 신사군은 강남(江南)으로 들어가 군중을 동원하고
각계각층의 애국 역량을 결집해 항일 통일 전선을 구축함으로써 적후 항일
근거지를 수립했다. 강력해진 항일 무장 역량은 일본군과 왕징웨이(汪精衛)
괴뢰 정권에 심각한 타격을 주었고, 쑤중(蘇中), 쑤베이의 항일 활동을 강화
시켰으며, 화중(華中)과 화베이를 이어주었다.

글·우화(武華)
그림·장쿤(張昆)

그림으로 읽는 제2차 세계대전 ❷
중일전쟁의 전개

적후(敵後) 유격대
─ 신사군(新四軍), 전국을 누비며 싸우다

3

중일전쟁 발발 후, 정면 전선에서 중국군이 연이어 패배해 화베이, 화둥, 화중, 화난 등 광
대한 지역이 점령되면서 중화민족은 생사존망의 위기에 몰렸다. 중공중앙과 중앙군사위
원회는 신사군을 통일된 전략에 따라 배치해 독립적 · 자주적인 유격전을 벌이기로 결정
했다.

1938년 4월, 신사군은 정면 항전에 협조하기 위해 군부와 제3지대(支隊)를 남겨 완난(皖南)
을 지키게 하고, 강남, 강북 2개 지대를 조직해 동쪽으로 적후에 파고들어 적후 항일 전선
을 개척하기로 했다.

신사군 강남지대(江南支隊) 7천여 명은 3개 종대(縱隊)로 편성돼 사령관 천이(陳毅) 장군의
지휘 아래 밤낮없이 강남을 향해 전진했다.

도탄에 빠져 있던 강남 민중은 신사군이 하루빨리 오기를 기다렸다. 강남지대는 가는 곳마
다 열렬한 환영을 받았으며 남녀노소 할 것 없이 뛰쳐나와 신사군을 반기는 동시에 적들
의 잔혹한 만행을 고발했다.

5월 4일, 중공중앙은 신사군에 광더(廣德), 쑤저우(蘇州), 전장(鎭江), 난징(南京), 우후(蕪湖) 사이에 항일 근거지를 세우고, 군중을 동원해 항일 무장조직을 만들어 유격전을 펼치라고 명령했다.

6월 17일, 쑤위(粟裕) 사령관이 이끄는 강남지대 선두부대가 전장 - 쥐룽(句容) 구간을 행군 하던 중 정찰기병이 앞쪽 웨이강(衛崗)에서 10km 떨어진 곳에 전장 방향에서 달려오는 일 본군 군용 자동차 4대가 보인다고 보고했다.

웨이강은 전장에서 쥐룽으로 가는 주요 길목으로 산이 높고 숲이 울창하며 매우 험준했다.
쑤위는 즉시 부대에 웨이강으로 신속히 이동하도록 명령했다. 웨이강에 도착해 도로에 지
뢰를 묻고 산골짜기 수풀 속에 매복해 있다가 일본군 차량을 습격하기로 했다.

일본군 차량이 전신 무장한 군대의 호송을 받으며 천천히 웨이강으로 달려왔다. 쑤위는 즉
시 매복부대에 전투 준비를 명령했고 병사들은 일제히 적군이 달려오는 방향으로 총구를
조준했다.

차량이 지뢰매설 지점으로 진입하자 우선 맨 앞 자동차가 지뢰를 건드려 폭발하면서 불이 났고 승차했던 일본군은 처참하게 죽어나갔다. 뒤따르던 3대의 군용차에 타고 있던 일본 군은 혼비백산해 차에서 뛰어내려 도망쳤다.

수풀 속에 매복해 있던 신사군은 사령관의 "공격!"이라는 명령과 함께 총격을 시작했고, 삽시간에 총포 소리가 귀청을 때리더니 수류탄이 적진에서 터졌다. 일본군은 아우성을 치 며 하나둘씩 쓰러졌고 나머지는 뿔뿔이 흩어졌다.

장병들은 서슬 퍼런 대검을 꽂아들고 바위 뒤와 수풀 속에서 뛰쳐나와 맹호같이 돌진해 일본군과 육탄전을 벌였다. 일본군은 많은 사상자를 냈으며 얼마 남지 않은 병사들은 무장 해제하고 항복했다.

이번 전투에서 신사군은 일본군 자동차 부대를 소탕하고, 도이(土井) 소좌, 우메즈(梅澤) 대위 및 병사 90여 명을 사살했으며, 대량의 총과 탄약, 군수품을 노획했다.

신사군이 웨이강에서 첫 승리를 거둔 후 전장, 단양(丹陽), 진탄(金壇) 지역과 가오춘(高淳),
리수이(溧水), 장닝(江寧) 지역에서 활동하던 2개 부대도 연이어 당투(當塗), 쥐룽, 장닝 등지
를 공격하면서 연이은 승리를 거두었다.

강남지대는 쑤난, 난징, 상하이 지역에 진입한 후 군중의 작전부대에 대한 협조 및 공동 투
쟁을 펼치기 위해 즉시 정치 공작 간부를 파견해 군중 속에서 중국공산당의 항일 주장을
선전하고 민중의식을 일깨웠다.

6월 초순, 신사군은 마오산 산(茅山)을 중심으로 쑤난(蘇南) 항일 근거지를 수립했고, 근거지의 정부는 민주정권대회에서 군민(軍民)이 함께 일본에 대항해 빼앗긴 땅을 되찾자고 호소했다. 동시에 마오산특별위원회 지도 기관을 세우고 휘하에 단양중심현위원회 및 쥐룽, 장닝 등 현위원회를 두고 적극적으로 항전을 전개했다.

이후, 각지에서 항일 자위대가 우후죽순처럼 연이어 조직됐다. 부모가 자식을, 아내가 남편을 보내는 등 너도나도 항일 대오에 참가함으로써 항일 무장은 나날이 진보했으며, 끊임없이 적의 심장부에 심각한 타격을 주었다.

전장과 단양 사이에 있는 신펑(新豐) 역은 일본군이 병력과 군수품을 수송하는 교통의 요로였다. 강남지대는 이곳을 습격하기로 결정했다.

7월 1일 밤, 강남지대는 1개 소부대를 파견해 신펑 역 옆 일본군이 주둔하고 있는 소학교를 조용히 포위했다. 병사들은 소학교 입구의 일본군 초소병을 해치우고 교문으로 들어섰다.

병사들이 서쪽에 있는 일본군 숙소에 다가가 들여다보니 방 안에는 불이 켜져 있었다. 정찰반 병사들은 몇십 명의 적군이 죽은 돼지같이 잠에 푹 빠져 있는 것을 보고 총받침에 걸어둔 총과 탄약을 신속하게 처리했다.

이때, 책상 위 자명종이 갑자기 울리면서 놈들이 깨어났다. 그중 한 놈이 생면부지의 사람이 방에 있는 것을 보고 소리를 질러대자 삽시에 아수라장이 됐다.

정찰반 병사들은 재빨리 마당으로 물러나왔다. 일본 군관 한 명이 군도를 휘두르며 문을 박차고 뛰쳐나와 병사 한 명을 무작정 찌르려고 했다. 병사는 침착하게 적과 격투를 벌였고 얼마 지나지 않아 적군 군관은 칼에 찔려 쓰러졌다.

이를 본 일본군은 깜짝 놀라 벌떼같이 건물 안 높은 곳으로 도망쳐 들어가더니 그곳 적들과 함께 마당에 있는 신사군 병사들을 향해 사격하기 시작했다. 소부대 병사들은 마당의 지형과 지물에 몸을 숨긴 채 용감하게 반격했다.

지형이 소부대에 불리하자 병사들은 건물의 아래쪽에 굵은 나뭇가지를 쌓아놓고 불을 질렀다. 순식간에 불길이 하늘로 치솟으며 건물을 삼켜버렸고 백여 명 되는 적군은 거의 모두 목숨을 잃었다.

이어 소부대는 수송을 기다리던 일본군 군수품을 실은 화물 열차 2량을 폭파시켰는데, 폭발 소리가 땅을 뒤흔들고 검은 연기가 하늘로 치솟았다.

전장에서 달려오던 일본 지원군도 도중에 매복 습격을 당해 백여 명의 적군이 사살되고 나머지는 다급히 도망쳐 성으로 되돌아갔다. 이번 전투에서 신사군은 대량의 무기와 탄약 그리고 기타 군수품을 노획해 부대의 무기·장비를 대대적으로 개선할 수 있었다.

각계각층과 단결해 항전하기 위해 신사군은 7월에 전장, 단양, 쥐룽, 진탄 4개 현의 군중을 모아 항적총회(抗敵總會)를 조직했다. 이후, 각 현에서 또 항적자위위원회, 농민항적자위협회 등을 세움으로써 당시 60여개 향의 5만여 명 군중 모두 항일 조직에 참가했다.

신사군은 강남으로 진격해 직접적으로 난징, 전장, 징후셴(京滬線), 징항셴(京杭線)을 위협했다. 이 지역들은 일본군의 남방지역 전략적 거점이자 교통 요충지였으므로 후방 안전을 위해 일본군 지휘부는 이 지역의 신사군을 '소탕'하기로 결정했다.

그러나 신사군 소탕 작전은 수포로 돌아갔다. 1938년 8월에서 연말까지 신사군은 일본군의 샤오단양(小丹陽) 8갈래 협공, 바오녠(寶埝) 5갈래 공격, 장수차오(蔣墅橋) 3갈래 공격 그리고 신왕좡(新王莊), 베이전(北鎭), 쥐룽 등지에서의 공격을 모조리 격파했고, 200여 차례 전투에서 적군 3천여 명을 무찔렀다.

단양 북쪽, 징후(京滬) 철도와 창장 강(長江) 사이 삼각 지대에서 니산 산(倪山)을 중심으로 줄기줄기 내뻗은 산맥 사이에는 니산유격대가 활발히 활동하고 있었는데, 이는 신사군의 영향과 지지 아래 민중들로 조직된 항일 무장 세력이었다.

니산유격대가 항일 투쟁에서 점차 강대해지고 활동이 활발해짐에 따라 단양 현(丹陽縣)의 일본군은 두려움을 느끼고, 100여 명을 파견해 주취허 강(九曲河)을 따라 니산유격대의 최고사령부를 덮치게 했다. 니산유격대는 주취허 강에 매복 습격해 적의 6차례 공격을 모두 물리쳤다. 적들은 많은 사상자를 내고 끝내 패하고 말았다.

이 전투를 거쳐 니산유격대는 신사군 '강남항일의용군정진종대(江南抗日義勇軍挺進縱隊)'로 재편성됐으며 산하에는 6개 지대를 두었다. 그들은 양중(揚中)을 점령하고 창장 강을 건너 강북의 쓰마(嘶馬), 다차오(大橋) 등지를 점령함으로써 북진에 필요한 교두보를 구축했다.

1938년 12월 3일, 정면 전선인 '상하이 전투'에 패배하면서 상하이, 난징, 항저우(杭州) 및 장쑤, 저장(浙江), 안후이의 광활한 국토가 연이어 일본군에게 넘어갔다.

1939년 봄, 마오쩌둥(毛澤東) 주석과 중공중앙을 대표해 완난 신사군 군부로 간 저우언라이(周恩來)는 간부들과 함께 적후로 파고들어가 화중 항일 근거지를 개척하는 것에 관해 논의했다. 회의에서 남쪽을 군건히 하고 동쪽에서 전투를 벌이며 북쪽으로 발전시켜 나가는 것을 신사군의 작전 방침으로 결정했다.

저우언라이는 회의에서 쑤베이는 난징, 상하이, 쉬저우, 벙부(蚌埠) 등 주요 도시의 측면이나 뒤쪽에 있으므로 항일 근거지를 구축하고 발전시켜 나갈 최적지이며, 또한 적후 작전은 "진보 세력은 발전시키고, 중간 세력은 쟁취하며, 보수 세력은 고립시키는" 항일 통일 전선 전략에 따라야 함을 강조했다.

신사군 강남지대 사령관 천이는 당중앙의 "중간 세력을 쟁취하라"라는 지시에 따라 마오산(茅山) 지방 유지 쉬광요(徐光耀)를 찾아가 항일 활동에 참여하도록 권유했다.

천이는 또 마오펑차(茅峰茶)를 생산하는 지전강(紀振綱) 마오루(茅麓) 회사 사장에게 민족 대의를 이야기하고, 지전강은 그 자리에서 신사군에 총 수백 자루와 솜옷 수백 벌을 선물하면서 항일에 대한 지지를 표명했다.

1939년, 일본군이 마오루 회사를 점탈하자 지전강은 2백여 명의 병력을 신사군에 인계했고, 그 후에도 상하이에서 신사군을 위해 모금하면서 항일 활동을 지원했다.

신사군이 중간 세력의 지지를 얻기 위해 노력한 결과, 현지에서 영향력 있는 쉬광요 등도 항일 정권에 참여했다. 쉬광요는 마오산(茅山) 지역 민주 정부 주석으로 취임했고, 지전강은 물질적 · 재정적으로 신사군을 지원했다. 그들의 영향을 받아 많은 진보 인사들도 여러 방면에서 항일 전쟁을 지원했다.

1940년 10월 10일, 천이가 지휘하는 신사군과 황커청(黃克誠)이 지휘하는 팔로군이 쑤중 둥타이 현(東臺縣) 바이쥐 진(白駒鎭)에서 합류해 쑤중, 쑤베이 항일 활동을 강화했으며, 화 베이와 화중 해방 지구를 연결시켜 주었다.

쑤베이 항일 근거지 구축과 팔로군, 신사군의 합류에 대해 천이는 시를 지어 경축했다. "예 부터 전장에서 돌아온 이 몇이나 되나, 또다시 동기들이 말 타고 오는 걸 볼 수 있다니. 오 늘날 장화이 일대가 누구에게 속하나? 10월 하늘에선 온통 붉은기가 나부끼네(古來征戰幾人 回, 又見同儕幷馬來. 江淮河漢今屬誰? 紅旗十月滿天飛)."

이때부터 쑤베이 사방 50km, 북쪽으로 룽하이(隴海) 철도, 남쪽으로 창장 강, 서쪽으로 운하선(運河線), 동쪽으로 황해 해안까지 모두 신사군이 지배하게 됐다. 신사군은 적극적으로 군중 공작을 펼쳐 민중 항일 조직과 무장 역량을 키워 나갔으며, 근거지에서는 항일 활동이 활발하게 벌어졌다.

11월, 중공중앙은 화중군사총지휘부를 구성하고 예팅(葉挺)을 총지휘로, 류사오치(劉少奇)를 정치위원으로, 천이를 부총지휘로 임명해 화중에서의 신사군과 팔로군의 항일 유격전 지휘 체계가 단일화됐다.

이때 국민당 보수파가 항일 투쟁을 일관되게 주장해 온 신사군에 대해 '강남 신사군 해결 방안'을 실시해, 1941년 1월 국내외를 깜짝 놀라게 한 '완난 사변'을 일으켰다. 신사군은 끝까지 저항했으나 군단장 예팅이 생포되고 부대는 막대한 손실을 입었다.

'완난 사변' 후, 중공중앙군사위원회는 신사군을 재편성하고 대리 군단장에 천이를, 정치 위원에 류사오치를 임명했다. 이후 신사군은 또다시 전국 적후 전선에서 맹렬히 활약했다.

적후 항일 근거지와 항일 무장이 관동군을 심각하게 위협했으므로 일본군은 할 수 없이 전략적 공격을 멈추고 공격 중점을 적후로 돌렸다. 이때부터 적후 전선은 중일전쟁의 주요 전장이 됐으며 팔로군, 신사군과 화난의 무장 세력은 항전의 주력군이 됐다.

중국 전선에서 날로 강대해지는 항일 무장 역량에 겁먹은 일본 당국은 왕징웨이 괴뢰 정권과 결탁해 군사·정치·경제 등 분야에서 항일 근거지의 민주 정부를 포위하고 와해시키는 '청향(清鄕)' 계획을 획책했다. 일본 당국은 5억 엔을 '청향' 경비로 마련하고 왕징웨이를 '청향위원회' 위원장으로 임명했다.

왕징웨이는 난징에서 앞잡이, 첩자, 경찰 등을 전문적으로 훈련시키고, 또한 수십만 병력의 괴뢰군을 모집해 1941년 6월부터 대규모 '청향' 활동을 시작했다.

그들은 '번개 전술', '그물 전술', '분진합격(分進合擊)', '돌연포위', '참빗식' 등 각종 방식을 이용해 반복적으로 수색 토벌하면서 항일 근거지에 대거 침투했다.

일본 괴뢰군은 항일 무장 근거지를 점령할 때마다 참대 울바자, 나무 울타리로 군사 봉쇄선을 설치한 후 괴뢰 정권을 만들고, 집집마다 수색해 신사군, 지방 간부, 민병 및 민주 인사들을 체포했다. 그렇게 체포된 많은 사람들이 적들에게 살해됐다.

'청향(清鄕)' 계획을 무너뜨리기 위해 신사군은 '반(反)청향' 행동대를 조직해 일본군과 투쟁을 벌였다.

쑤중 제4구역에서 적군은 6백 명의 청향대를 조직해 서쪽에서 동쪽으로 밀고 나갔는데, 이르는 곳마다 많은 거점을 세우고 몇백만 개의 대나무를 가져다 창장 강 북쪽 기슭과 연해 지역에 울타리를 세웠다.

청향대에 맞서기 위해 신사군 1개 행동대가 청향대로 변장하고 장베이(江北) 치둥 현(啓東縣) 창장 강 제방으로 가 주변 상황을 살폈다. 공사장에서 수백 명의 노동자들이 일하고 괴뢰군 초소병이 총을 들고 감독하는 것을 본 행동대는 둑에 앉아 휴식을 취하는 것처럼 하다가 대장이 대원 한 명을 거느리고 초소 쪽으로 다가갔다.

그들은 초소병에게 말을 걸어 다른 괴뢰군들이 부근 초가에서 닭을 삶아먹고 있음을 알아
냈다. 대장이 대원에게 신호를 보내자 대원은 잽싸게 비수를 꺼내 초소병을 쓰러뜨렸다.
둑에 있던 대원들도 초가로 돌진해 들어가 괴뢰군을 무장 해제시켰다.

잡혀온 노동자들이 몰려들자 대장이 소리 높여 외쳤다. "여러분, 어서 울바자를 부수시오."
그러자 모두 함께 울바자를 모조리 뽑아 강에 처넣었다.

이후 각지의 군중들은 행동대에 협력해 울바자를 모두 태워버렸다. 신사군을 포위하고 봉쇄하려던 적의 계획은 수포로 돌아갔다.

'반청향' 투쟁은 연이은 승리를 거두었으며, 천이는 간부회의에서 "일본군과 괴뢰군이 1941년 6월부터 '청향'을 한 이래 우리 군민은 협동해서 9개월여 동안 2천1백여 차례 전투를 치렀고, 1만 5천여 명의 적군을 섬멸했다"라고 총괄해 말했다.

1941년부터 1943년까지 신사군 각 부대는 적후 투쟁을 계속 유지하면서 많은 고비를 넘겼고, 일본군, 괴뢰군, 보수파 등과 싸우는 복잡한 상황에서도 전국을 누비며 활약했다.

1944년 초, 유리한 형세를 더욱 확고하게 굳히기 위해 신사군 지휘부는 쑤중, 쑤베이, 화이난(淮南), 화이베이(淮北) 항일 근거지를 연결시켜 투쟁 국면에 유리하도록 앞으로의 임무를 배치했다. 이에 근거해 쑤중 군부는 처차오(車橋) 전투를 일으키기로 결정했다.

처차오는 장쑤 화이안(淮安) 동남쪽에 있는 큰 진(鎮)인데 일본군의 화베이 65사단, 화중 61 사단의 연결 지점이자 쑤베이, 쑤중, 화이난 항일 근거지의 접점으로 전략적 위치 면에서 양군 모두에게 대단히 중요했다.

신사군은 이 전략적 요충지를 탈취하기로 결정했다. 천이 사령관이 직접 이번 전투를 계획 했으며, 처차오 공격전에 투입된 병력 5개 연대를 다시 3개 종대(縱隊)로 편성했다. 제3여 단 7연대를 위주로 한 제2종대는 주공격을 맡고, 제1·3 종대는 엄호하는 한편 지원해 오 는 적군을 저지하기로 했다.

처차오 수비군은 일본군 1개 소대와 괴뢰군 1개 대대로 구성됐고, 진(鎭) 주위에는 높이 6.6m의 담, 담 밖에는 너비 8.3m, 깊이 3.3m의 성호(城壕)가 있으며, 진 내부에는 많은 보루와 중심 진지로 구성된 견고한 방어 시설이 있었다.

3월 4일, 주공격을 맡은 신사군 제2종대가 성 남쪽 문에 도착해 메밀밭에 몸을 숨겼다. 연무가 자욱한 밤하늘에 담 위 등불이 가물가물한 가운데 초소병이 보였다. 제2종대 병사들은 긴 사다리를 성호에 놓고 순조롭게 담 밑으로 돌진했으며 다시 사다리를 담에 걸쳐놓고 잽싸게 기어올랐다.

돌격대원들은 담 위에 있는 초소병을 해치우고 재빨리 성문을 열어젖혔다. 제2종대 병사들은 물밀듯이 남문을 통과해 유리한 지형을 점거하고 적군을 향해 사격을 개시했다. 일본 괴뢰군은 그제야 잠에서 깨어나 황급히 총을 잡아들고 마구 쏘아댔다.

남쪽 거리 십자로의 보루 하나가 돌격대의 앞길을 가로막았다. 돌격대가 수차례 공격했으나 실패했고, 최종적으로 높은 건물에 있는 아군 기관총의 엄호를 받으며 돌격대원 한 명이 보루 한쪽으로 돌진해 사격 구멍으로 수류탄을 던져 넣어 결국 이 보루를 제거했다.

지휘관은 적의 보루가 파괴된 것을 보고 즉시 "동지들, 돌격!" 하고 외쳤다. 돌격대원들은
무서운 기세로 적의 보루로 돌진했다.

주공격부대는 처차오 진에 들어선 후 셋으로 나누어 동 · 서 · 북 세 방향으로 진격했다. 적
군은 끝까지 저항했지만 연이어 패했다.

하루 밤낮의 격전을 거쳐, 진 안의 모든 보루가 파괴되고 적군의 핵심 진지만 남게 됐다. 진지 밖에는 참호가 있었는데, 사면에는 4m 높이의 담이 있고, 담에는 보루 5개가 연결돼 있으며, 담 안쪽에는 큰 보루 1채, 큰 기와집 2채가 철조망으로 둘러싸여 있어 수비하기 쉽고 공격하기 어려운 진지였다.

지휘부는 모든 산포, 박격포를 동원해 포격했고 포탄이 끊임없이 떨어지면서 핵심 진지는 불바다로 변했다.

초연이 자욱한 가운데 중국군은 적군과 근거리 접전을 치러 핵심 진지의 적군을 모두 소탕하고 처차오 진을 점령했다. 붉은기가 처차오 진에서 나부끼고 군중들은 신사군을 열렬히 환영했다.

처차오 전투에 참가한 신사군 제1종대는 루자탄(盧家灘), 한좡(韓莊) 일대에 매복해 있다가 화이안, 화이인(淮陰), 렌수이(漣水), 쑤첸(宿遷) 등지에서 오는 일본군 지원부대와 하룻밤 동안 격전을 치른 끝에 모두 물리쳐 처차오 진 점령에 큰 역할을 했다.

처차오 전투는 하루 낮, 이틀 밤에 걸쳐 진행됐다. 신사군은 이번 전투에서 일본군 대좌 이하 장병 465명을 해치우고 대량의 군수품을 노획했다.

신사군은 승세를 몰아 처차오 일대의 적군 거점 10여 개를 제거하고, 화이안, 바오잉(寶應) 동쪽의 광대한 지역을 점령해 쑤중, 쑤베이, 화이난 세 적후 항일 근거지를 하나로 이어놓았다.

또한 신사군은 위완쑤[豫皖蘇, 허난(河南)·안후이·장쑤] 항일 근거지를 탈환하고, 상간[湘贛, 후난(湖南)·장시(江西)], 쑤저완(蘇浙皖) 등 적후 항일 근거지를 개척했다.

신사군은 전국을 옮겨 다니며 싸워 연이은 승리를 거두었다. 1944년까지 신사군은 적의 거점 80여 개를 점령하고, 적군 5만 명을 섬멸했으며, 160여만 민중을 해방하고, 자체 병력도 26만 명으로 늘어났다. 이렇게 되어 신사군은 일본군의 주력을 견제 및 분산시키는 동시에 적군을 더욱더 궁지에 빠뜨렸다.

1940년, 일본군은 태평양전쟁을 준비하기 위해 중일전쟁을 하루빨리 종결짓
고자 했다. 이를 위해 국민당 정부에는 항복을 유도하는 동시에 자오이(枣宜)
전투를 일으켜 이창(宜昌)을 점령하고 충칭(重慶) 등지에 대한 폭격을 강화
하면서 시안(西安), 충칭, 쿤밍(昆明)을 공격할 것이라고 공개적으로 위협했
다. 전 국민의 항전 의식을 고취하고 일본군의 '수룽(囚籠)' 정책*을 분쇄하기
위해 팔로군 총사령부는 백단대전을 일으켰다. 이 대전에서 팔로군은 대대적
으로 정타이루(正太路)를 파괴하고 습격하는 동시에 평한(平漢), 진푸(津浦),
베이닝(北寧), 핑쑤이(平綏), 핑구(平古), 바이진(白晋), 더스(德石) 등 적의 주
요 병참선에서 치열한 전투를 벌였는데, 1천8백여 차례 크고 작은 전투에서
일본군 및 괴뢰군 4만 6천여 명을 섬멸했다.

*수룽(囚籠) 정책: 일본군이 후방에 수많은 진지를 구축하고 철도와 도로를 증설해 중
국공산당 유격대의 활동을 봉쇄하고 구역을 분할해 항일 근거지를 소탕하려 했던 정책

글·둥바오옌(董保延)
그림·궈원화(郭文華)

그림으로 읽는 제2차 세계대전 ❷

중일전쟁의 전개

백단대전(百團大戰)

4

1940년은 국제적으로 파시즘 세력이 가장 창궐한 때로, 히틀러는 전격전으로 유럽의 많은 국가를 점령하고서 더욱 기세등등해졌다. 중국 전선에서 일본군은 '수롱' 정책, '다중 공격' 방식으로 일거에 중국의 항일 무장 세력을 제거하려고 했다.

서둘러 중일전쟁을 끝내고 더욱 큰 규모의 태평양전쟁을 준비하기 위해 일본군은 국민당 정부에 대한 유인 정책을 강화했다. 동시에 '자오이[棗宜, 자오양-이창(棗陽-宜昌)] 전투'를 일으켜 이창을 점령하고 쓰촨(四川)으로 진격해 관문을 열게 함으로써 시안, 충칭, 쿤밍을 공격하려 했다.

국민당 내부의 망국론자와 투항파가 이 기회를 빌려 신문, 방송으로 '천황의 위엄'에 대해 선전함으로써 '중국 필패'란 괴소문이 퍼졌고, 국민당 통치 지역의 민중들은 불안에 떨었다.

당시 정세에 초점을 맞춰 중공중앙은 7월 5일과 7일 두 차례에 걸쳐 국내 투항주의의 위험성을 지적하고 중일전쟁의 희망찬 앞날에 대해 천명하는 선언을 발표했다.

7월 22일, 팔로군 총사령부는 정타이[正太, 정딩-타이위안(正定-太原)]의 일본군 병참선을 차단하고, 이 경로의 남북 지역 적군 거점을 제거하며, 항일 근거지를 갈라놓으려는 '수롱' 정책을 분쇄해 적군의 후방 침입을 저지하기 위해 '정타이루(正太路)에 대한 대대적인 파괴 · 습격 전투 예비 명령'을 발포했다.

'예비 명령'에는 녜룽전이 지휘하는 진차지(晉察冀) 군부와 류보청(劉伯承), 덩샤오핑(鄧小平)이 지휘하는 진지위(晉冀豫) 군부의 주력부대를 이동 배치해 정타이루[허베이(河北) 정딩에서 산시 타이위안까지]를 중심으로 대규모 병참선 파괴 작전을 펼치도록 결정한 내용이 담겨 있다.

8월 상순, 팔로군 주더 총사령관과 펑더화이 부총사령관이 발포한 '정타이루 파괴 전투 예비 명령'이 각 부대에 하달됐다. 구체적으로 진차지 부대가 정타이루 구간 파괴 작전을 책임지기로 했다.

녜룽전 진차지 군부 사령관은 총사령부의 작전 배치에 따라 즉시 슝버토(熊伯濤)가 지휘하는 좌종대, 양청우(楊成武)가 지휘하는 중앙종대, 궈톈민(郭天民), 류다오성(劉道生)이 지휘하는 우종대를 구성하고 파괴 전투를 준비했다.

이와 동시에 진지위 군부에도 총사령부의 작전 임무가 하달됐다. 타이항(太行)·타이웨(太岳) 부대 지도자 류보청, 덩샤오핑은 즉시 긴급작전회의를 열고, 판쯔샤(範子俠), 라이지파(賴際發)가 지휘하는 우종대, 천경(陳賡), 천시롄(陳錫聯)이 지휘하는 중앙종대, 저우시한(周希漢)이 지휘하는 좌종대를 구성하고 참전 준비를 했다.

타이항 산맥을 가로지르는 정타이루는 높고 가파른 산 사이로 우불구불 서쪽으로 뻗어나가 우뚝 솟은 타이항을 두 토막으로 갈라놓았는데, 일본군의 화베이에서의 전략적 병참선이자 중국군 근거지를 파괴하는 중요한 봉쇄선이기도 했다.

일본군 제4·8·9 독립혼성여단이 주둔해 있는 정타이루 연선(沿線)에는 거점마다 견고한
보루들이 있고, 보루들 사이는 교통 참호로 이어졌으며, 주위에는 바리게이트를 설치해 촘
촘한 화력망을 이루었다.

250km 되는 적후 병참선에서 침략군을 매섭게 타격하기 위해 팔로군 각 참전부대는 정타
이루 연선의 지형, 적의 상황, 보루 등을 세심하게 정찰해 전술을 정했고, 전사들은 전의를
불태웠다.

8월 20일, 각 부대는 쏟아지는 비를 무릅쓰고 산길을 걸어 날이 저물기 전에 예정된 지점에 이르렀다.

오후 8시 정각, 수많은 붉은색 신호탄이 하늘로 솟아오르자 각 돌격부대는 맹호같이 적군의 역전 및 거점으로 쳐들어갔다. 전체 정타이루와 퉁푸루(同蒲路) 일부 구역은 금세 불바다가 됐고, 이로써 국내외를 깜짝 놀라게 한 백단대전(百團大戰)의 서막이 올려졌다.

천연요새인 냥쯔관(娘子關)은 정타이루에서 허베이와 산시 두 성 경계의 들머리로 이 전략
적 요충지를 점령하는 것이 전체 파괴 작전 제1단계의 중점이었다. 1937년 10월, 일본군
은 이곳을 점령한 후 험준한 산골짜기를 따라 원래 있던 국민당 군대 국방 진지 위에 커다
란 보루 4개를 더 쌓았다.

주공격 임무를 맡은 진차지 군부 우종대 제5연대가 맨 먼저 냥쯔관 촌(娘子關村)에 잠입해
마을에 주둔하고 있던 괴뢰군을 해치우고, 마을을 근거지로 냥쯔관을 향해 매섭게 진격
했다.

냥쯔관에 주둔하고 있던 일본군 정예부대는 산 아래에서 들려오는 총포 소리에 모두 전신 무장을 하고 냥쯔관 입구에 관문 3개를 구축했다.

우종대 제5연대 전사들은 가파른 산비탈에서 거센 화력망을 뚫고 위에 있는 보루를 향해 공격했다. 적들은 높은 곳에서 기관총으로 통로를 봉쇄했다. 더 큰 희생을 막기 위해 팔로 군 5연대는 16명으로 소부대를 구성해 조심스럽게 첫 번째 관문으로 다가갔다.

별안간 '광' 하는 굉음이 울려 퍼졌다. 소부대 병사가 일본군이 관문에 매설한 지뢰를 밟은 것이다. 지뢰가 터지자마자 적군 기관총이 불을 토하더니 탄알이 비 오듯 중국군 병사들의 몸에 쏟아졌다.

이때, 기다리고 있던 제2진이 신속하게 돌격해 나갔다. 명사수로 구성된 이 분대는 민첩하게 유리한 지형을 선택해 주공격부대의 돌격을 엄호했다.

팔로군의 공격은 아래에서 위쪽을 향한 것이었으나, 그들이 쏜 탄알은 마치 눈이라도 달린 듯 앞의 두 관문을 지키고 있는 일본군에게로 정확히 날아갔다.

날이 밝을 무렵, 팔로군은 끝내 승리의 깃발을 냥쯔관에 꽂았다. 일본군의 잔혹한 만행에 3년간 시달리던 냥쯔관 지역 백성들은 행복의 눈물을 흘렸다.

이튿날, 팔로군 병사들은 낭쯔관 동쪽의 철교를 폭파시키고, 연선의 수많은 전화선을 끊었으며, 보루 진지를 파괴했다. 일본군 지원부대가 도착했을 때 팔로군은 그림자조차 찾을 수 없었다.

이와 동시에, 팔로군 타이항·타이웨 부대는 총사령부의 배치에 따라 정타이루의 양취안(陽泉)-위츠(楡次) 구간에서 상후(上湖) 역을 공격하기로 했다.

상후 역에는 일본군 하라다(原田) 대대가 주둔하고 있었다. 이곳은 배산임수의 지형으로 보루가 즐비하고 중요한 철교까지 있어 적들은 바늘도 꽂기 어려운 곳이라고 여겼다.

팔로군 제386여단 16연대 세(謝) 연대장은 부대를 이끌고 상후 역 옆에 있는 루자좡(盧家莊)에 진입해 일본군이 통제하고 있는 이 동과 서의 연결 지역을 뒤흔들어 놓으려 했다.

자정이 되어 세 연대장은 공격 명령을 내렸다. 16연대 병사들은 맹호같이 달려 내려가 우선 먼저 역전 남쪽의 보루 3개를 폭파시켰다. 이와 함께 다른 팔로군 부대가 역전 서쪽의 보루 4개를 점거했다.

일본군이 깜짝 놀라 잠에서 깨어나 황급히 무기를 들고 반격하려 할 때쯤 역전은 이미 불길에 휩싸였고, 그들은 할 수 없이 역전 서쪽 방향으로 도주했다.

서쪽 보루 4개마저 팔로군에게 점령된 것을 그제야 알게 된 일본군은 급한 김에 화약 창고로 들어가 저항했다.

16연대 병사들은 이때다 싶어 기관포로 맹사격을 퍼부었다. 화약 창고는 즉시 탄알에 명중돼 불이 났으며 창고에 있던 적들은 전원 사망했다. 이렇게 팔로군은 상후 역을 점령하고 일본군을 모두 소탕했다.

그 시각, 타이웨 부대 결사 1종대 25연대와 38연대도 상후 역 옆에 있는 마서우(馬首) 역에서 일본군과 격전을 벌였다.

제25연대 1대대는 장(張) 대대장의 지휘 아래 용감하게 돌격했다. 30분가량의 치열한 전투를 치른 끝에 1·3중대가 역전 양쪽의 보루를 점거했고, 곧이어 1대대가 역전에 쳐들어가 소대장 이하 일본군 20여 명을 사살했다.

팔로군 각 참전부대는 총사령부의 지휘를 받으며 각지의 역전, 거점을 점령해 적을 소탕하는 동시에 대규모 도로파괴 활동을 벌였다. 군민은 일치단결해 교량을 폭파하고 터널, 철도를 파괴하며 침목을 불태웠다.

일본 화베이방면군은 당황한 나머지 급히 많은 비행기를 출격시켜 도로를 파괴하는 부대를 저공 사격했다. 팔로군 각 부대는 즉시 은폐했고, 황혼이 깃들면 다시 활동을 재개해 적기의 공격을 교묘하게 피했다.

도로파괴 작전의 속도를 높이기 위해 팔로군 병사들과 군중들은 뜯어낸 레일을 침목 위에 놓고 태웠는데, 천 리 철도선은 낮에는 연기가 자욱하고 밤에는 불길이 하늘로 치솟았다. 십여 일 밤낮의 파괴로 정타이루는 폐허가 됐다.

9월 7일, 19일간의 정타이루 파괴 · 습격전 제1단계가 좋은 성과를 거두었다. 정타이루 전 체 길이 249km 가운데 235km가 파괴돼 화베이 일본군의 중요한 전략 병참선이 마비됐다. 주더, 펑더화이 팔로군 총지휘부는 각 참전부대의 용감함을 표창하고, 정타이루 파괴 · 습 격전은 '국내외 전쟁사에서 가장 빛나는 이름'이 될 것이라고 치하했다.

9월 20일부터 정타이루 파괴·습격전은 적군의 요새를 제거하고 일부 도시와 진(鎭)을 점령하는 제2단계에 들어섰다. 총사령부는 진차지 군부에 라이위안(淶源), 링추(靈丘)의 도로를 파괴·습격하는 동시에 이 두 현성(縣城)을 탈취하라는 임무를 하달했다. 라이위안과 링추는 교통 요충지로 매우 중요한 전략적 위치에 있었다.

녜룽전 진차지 군부 사령관은 총사령부의 명령을 받고 즉시 작전 임무를 양청우가 지휘하는 중앙종대에 맡겼다. 9월 22일 밤, 양청우는 소속부대를 이끌고 라이위안 성(淶源城)을 공격하기 시작했다.

적 수비군이 맹렬하게 반격하면서 독가스탄을 쏘아대는 통에 중앙종대의 공격은 저지됐다. 양청우는 즉시 배치를 바꿔 1개 부대를 남겨 성안 적군을 감시하고, 나머지 병력은 주위 각 거점을 먼저 제거한 후 다시 라이위안 성을 공격하기로 했다.

중앙종대 1·2 연대 일부는 라이위안 성 동쪽에 있는 일본군 싼자 촌(三甲村) 거점을 공격하기 시작했다. 23일 저녁, 병사들은 포병과 협동해 적군과 여러 시간 동안 격전을 벌여 싼자 촌에 주둔하고 있던 일본 괴뢰군 80여 명을 소탕했다.

이와 동시에 3연대 병사들은 추웨이(邱蔚) 연대장의 지휘 아래 전투력을 집중해 라이위안 성 동북쪽 둥퇀바오(東團堡)를 공격했다. 둥퇀바오는 적 병참선상의 중간역이자 일본군이 팔로군 근거지를 봉쇄하는 주요 거점으로 이를 함락하는 것은 곧 라이위안 성 수비군의 목을 조르는 것과 마찬가지였다.

둥퇀바오 일대 상황을 알아내기 위해 추웨이 연대장은 민간인으로 변장시킨 정찰병 4명을 성안으로 들여보내 적의 병력과 장비 상황 등을 상세히 알아오게 했다.

23일 밤, 3연대 3중대는 길을 안내하는 민병을 따라 포복 전진해 둥퇀바오 밖 만터우 산(饅頭山)에 있는 일본군 보루 앞까지 가서 적군이 미처 잠에서 깨기도 전에 수류탄을 무더기로 던져 저세상으로 보냈다.

둥퇀바오 수비군은 일본 사관생으로 구성된 사관교도대대였다. 그들은 코다(甲田) 대대장이 이끄는 대로 죽기를 각오하고 저항하며 끊임없이 독가스탄을 쏘아댔다.

중앙종대 3연대 병사들은 맹렬한 공격을 가해 24일 밤에는 둥퇀바오 주위 보루를 전부 점거했다. 패잔병들은 수풀 속에 몸을 숨기거나 가옥 몇 채에 의지해 저항하며 독가스탄을 쏘는 한편 반격을 준비했다.

제3연대 병사들은 물에 적신 마스크를 끼고 끊임없이 용감하게 돌격했으며, 이틀 밤의 격전을 거쳐 적군 외곽 진지를 점령했다. 패잔병들은 한 지주의 집 마당에 모여들어 저항하며 지원을 기다렸다.

27일 오전, 40여 명 일본군이 고함을 지르며 3연대 9중대 진지를 향해 덮쳐들었다. 병사들은 침착하게 적이 40m 정도 앞까지 올 때를 기다렸다가 일시에 공격했다. 적을 물리친 후 3연대 병사들은 커다란 마당의 서남쪽 참호를 점거했다.

코다 일본군 대대장이 막무가내로 80여 명의 병사를 이끌고 군도를 휘두르며 9중대 1소대를 향해 덮쳐왔다. 1소대 소대장과 병사들은 적군과 치열한 육탄전을 벌였다.

소대장은 대검으로 연이어 적군 4명을 해치웠다. 갑자기 일본 군관 하나가 소대장을 군도로 찔렀고, 다른 적군 5명까지 합세해 소대장을 포위했다. 위기일발의 순간, 소대장은 품에서 한데 묶은 수류탄 4개를 꺼내 심지를 뽑더니 적과 함께 폭사했다.

1소대 전체 병사들은 소대장의 용감한 희생에 비분강개하여 적군의 반격을 6차례나 격퇴했으나, 탄알이 모두 떨어져 전부 장렬하게 전사했다.

팔로군의 맹공격에 적군 역시 반 이상의 병력을 잃었다. 보루 안에 고립된 코다는 대세가 완전히 기울고 지원이 불가능해지자 나머지 사관 27명에게 불구덩이에 뛰어들어 자결할 것을 명령했다. 이로써 일본군 사관교도대대는 전멸했다.

10월 10일, 18일간 지속된 라이링(淶靈) 전투가 끝이 났다. 중국군은 일본군과 괴뢰군 1천 1백여 명을 섬멸하고, 대량의 총과 탄약 그리고 군수품을 노획했다. 동시에 진차지 중앙종대도 상당한 대가를 치러야 했다.

이 기간 동안, 타이항·타이웨 부대 역시 총사령부의 명령에 따라 위료[楡遼, 위서-료 현(楡社-遼縣)] 공격을 개시했다. 천경, 저우시한은 류보청, 덩샤오핑의 명을 받고 위서 부근에서 직접 전투를 지휘했다.

위서-료 현 도로 일대에는 적군의 주요 거점 7곳이 있었으며, 일본군 제4혼성여단 가와베(池邊) 대대 주력군이 수비하고 있었다. 특히 위서 성(楡社城)은 진지가 견고해 방어하기 쉽고 공격하기 어려운 이른바 '난공불락'의 요새였다.

9월 23일 밤 11시경, 저우시한은 772연대와 16연대를 이끌고 조심스레 성 아래까지 다가 갔다가 그만 일본군 군견에 의해 발각됐다. 군견이 요란하게 짖는 소리에 깨어난 일본군은 한바탕 성 바깥을 향해 사격하다가 멈추었다.

곧이어 저우시한은 군사민주회의를 열었다. 회의에서 병사, 간부를 막론하고 모두 성을 공 격하기 위한 계책을 내놓았고, 누군가 화력으로 거세게 밀어붙이다가 적의 화력이 누그러 들 때 성을 공략하자고 건의했다.

열띤 토론이 한창인 가운데 천경 386여단 여단장이 달려와 흐뭇한 미소를 지으며 말했다. "1종대 결사대 25 · 38 연대가 이미 성벽 언저리를 점령했소. 이젠 당신들 772 · 16 연대가 보여줄 차례요!"

적군은 화살에 놀란 새처럼 마구 헛총질을 해댔다. 이에 저우시한은 각 연대에 조용히 진지를 쌓고 공격 명령을 기다리라고 지시했다.

천경과 저우시한은 772연대와 16연대를 이끌고 위서를 세 번째로 강공했다. 16연대 5중대 1소대 소대장이 커다란 작두칼을 휘둘러 여러 겹으로 된 철조망을 단번에 끊어버리고 적군 진지로 가는 길을 터주었다.

다른 무리의 병사들은 사다리로 30m 높이의 벼랑 위로 기어 올라가 재빨리 적군의 보루들을 점거했다.

깜짝 놀란 적군은 급히 비행기 4대를 출격시켜 엄호했다. 적 수비군 후지모토(藤本) 중대 병사들은 위서중학교로 퇴각해 높고 큰 보루 하나와 담에 의지해 완강하게 저항하면서 팔로군을 향해 독가스탄을 발사했다. 아래쪽에 위치한 중국군 병사들은 독가스 때문에 심한 현기증에 기침, 눈물까지 흘렸다.

병사 몇 명이 천경 여단장을 억지로 후방 지휘소로 끌고 가려 했으나, 여단장은 남아 있기를 고집하면서 "위서 성을 함락하면 그때 갈 것이다!"라고 말했다.

재차 열린 '제갈량 회의'에서 마침 좋은 꾀를 생각해낸 이가 있었는데, 바로 지상이 안 되면 지하로 공격하자는 것이었다.

이튿날 저녁 무렵, 일본군이 들어가 있는 위서중학교 지하로 통하는 지하 갱도가 완성됐다. 병사들은 관을 구해다가 안에 폭약을 가득 채운 후 지하 갱도를 통해 적군 핵심 진지 바로 밑에 가져다 놓고 도화선에 불을 붙였다.

폭약이 터진 후 돌격부대가 자욱한 초연을 헤치고 용감하게 일본군 진지에 뛰어들어 육탄 전을 벌였다. 치열한 전투를 거쳐 후지모토 중대는 중대장 본인을 포함한 부대원 전원이 자신들이 파놓은 무덤에 묻히고 말았다.

곧이어, 공성 부대 돌격 소부대가 또 위료 도로 위 적군 거점을 점령했다. 부근에 있던 군 중들이 이 소식을 듣고 너도나도 달려와 전리품을 가져갔는데 차량과 인파의 행렬이 끊이 지 않았다.

10월 1일, 정타이루 파괴·습격전 제2단계가 성공적으로 종결됐다. 팔로군은 적군이 점령한 철도선을 전부 마비시켜 169km에 이르는 도로를 무용지물로 만들었으며, 동시에 모든 적군 거점을 파괴했다. 이로써 일본군의 '수롱' 정책은 치명적인 타격을 입었다.

분노가 치민 일본군은 국민당 정면 전선에서의 공격을 중지하고 화베이로 발길을 돌려 각 항일 근거지에 대해 보복성 '대소탕' 작전을 시작했다. 이와 함께 자동적으로 팔로군의 백단대전 제3단계의 중심 임무는 '반(反)소탕'이 됐다.

기세등등한 일본 침략군에 대비해 녜룽전은 진차지 군부에 일부 병력을 남겨 적군과 공방전을 벌이게 하고, 주력부대를 이동시켜 각 도로의 적군 거점을 파괴·습격하게 했다. 이와 동시에 민병과 유격대도 적극적으로 활동에 가담했다.

10월 26일, 팔로군 근거지 군민이 계략을 써 일본군 36사단 오카자키(岡崎) 대대 5백여 명을 타이항 산(太行山) 관자나오(關家垴)로 끌어들였다.

펑더화이 부총사령관과 줘취안(左權) 부참모장은 적이 계략에 걸려들었다는 소식을 듣고
즉시 포병부대에 관자나오로 진격할 것을 명령했다. 또한 포화 속에서 관자나오 지형을 살
펴본 후, 385 · 386 여단, 신10여단 주력부대 및 1종대 결사대 2개 연대도 이동시켜 적군
을 포위하기로 결정했다.

10월 27일 새벽, 팔로군의 대포가 일제히 불을 뿜자 각 부대는 총공격을 개시했다.

오카자키는 많은 병사와 우수한 무기, 비행기의 공중 엄호를 믿고 미친 듯이 반격했다. 관자나오의 몇몇 산꼭대기에서 양측의 피비린내 나는 육탄전이 벌어졌다.

팔로군의 세찬 공세에 일본군 사상자는 전체 병력의 절반이 넘었고, 전세가 불리하게 돌아가자 오카자키는 자욱한 초연을 틈타 혼자 말을 타고 산골짜기로 도주했다. 그러나 얼마 못 가 팔로군 분대장이 쏜 총에 맞아 말잔등에서 부끄러운 최후를 맞이했다.

'반소탕'에서 각 지방 무장과 민병도 중요한 역할을 했다. 그들은 참새전, 지뢰전을 전개해 일본군 병력을 견제하고 그들의 작전을 방해했다.

적군이 막강한 병력으로 해방구(解放區)를 소탕하려 했지만 군민 전체가 일치단결해 정타이, 퉁푸, 핑한, 베이닝, 핑쑤이, 핑구, 바이진, 더스 등 주요 병참선의 일본군 및 양측 거점을 공격했다. 또한 각 근거지 군민과 협동해 '반소탕'을 실시함으로써 일련의 승리를 거두었다.

12월 5일, 팔로군이 전개한 백단대전이 대단원의 막을 내렸다. 국내외를 놀라게 한 이 대전투는 석 달 보름가량 이어졌는데, 115개 연대가 크고 작은 전투 1,824차례를 치르며, 일본군과 괴뢰군 4만 6천여 명을 섬멸하고, 적의 군용 철도 470km, 도로 1,500km를 파괴했다.

다다 하야오(多田駿) 관동군 화베이방면군 총사령관은 '수롱' 작전의 실패로 파면됐고, 일본 방위청은 백단대전이 일본군 화베이방면군에 커다란 타격을 주었다며 매우 당황스러워했다. 그 후, 일본군은 더는 항일 근거지를 대거 침범하지 못했다.

백단대전의 승리로 정면 전선 국민당 군대의 사기도 크게 올라갔다. 장제스 국민정부군사
위원회 위원장은 주더, 펑더화이 총지휘부에 보내는 축하 전보에서 "팔로군은 과감하게
출동해 적군에 커다란 타격을 입혔다"라고 칭찬했다. 전국의 각 신문들도 팔로군이 백단
대전에서 국가와 민족을 위해 세운 공로를 대서특필했다.